イラストでまるわかり！

入社1年目
ビジネス文書
の教科書

マナーコンサルタント
西出ひろ子 著

プレジデント社

ビジネス文書は、書式にしたがって作成するだけでなく、相手に気持よく読んでもらうことが大切です。

ビジネス文書を作成する上で、大切なポイントは以下の通りです。

> 早く正確に内容を伝える。
> 読む人に理解してもらうことを
> 第一とする

> 文字量を少なくして、
> 読みやすい
> 簡潔な文書を心がける

　ビジネスの現場では、取引先やお客様はもちろん、自社内で同じ業務に携わるメンバーなど、関係する人全員と円滑なコミュニケーションをとりながら、仕事を進めていくことが何より重要です。

　電話、メール、SNS、チャットツールなど、コミュニケーションを取る手段はいろいろとありますが、ビジネス文書がビジネスシーンで果たす役割は、まだまだ大きなものがあります。

　ビジネス文書は、その用途によって社外文書と社内文書とに大別されます。それぞれ、一定の書式にしたがって作成するのが基本です。とくに取引先やお客様に向けて発信する社外文書は、社内の誰が作成したとしても、「その会社を代表する文書」となります。

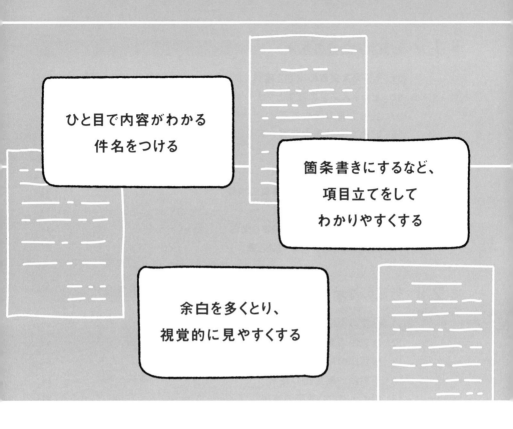

ひと目で内容がわかる
件名をつける

箇条書きにするなど、
項目立てをして
わかりやすくする

余白を多くとり、
視覚的に見やすくする

　ビジネス文書は伝えるべき内容を正確に伝えることが一番の目的ですが、受け取る相手がストレスなく、気持ちよく読んでもらえるように作成することも大切になります。社外文書、社内文書ともに、文書の形式をふまえた上で心をこめた作成した文章は、相手に信頼感を与えることにつながります。

　ビジネス文書には特有の形式や書き方、言い回し、慣用表現など、最低限おさえておくべきルールがあります。たとえば、封筒にも縦書きと横書きがあり、それぞれに切手を貼る位置があります。この本では、社会人として相手に失礼のないよう、マナーをわきまえた文書の決まりや敬語の使い方をまとめています。

　段取りよく、正確に、失礼のない意思疎通を図ると同時に、「作成したビジネス文書を読む相手の立場にたって、その方にプラスになることを考えたり、イメージしたりする」ことで、仕事がうまく進み相手も自分もハッピーになる。本書があなたのお役にたてますことを心より願っています。

西出ひろ子

CONTENTS

第 5 章 社外文書（社交文書）の基本

第 6 章　社内文書の基本

第 **1** 章

ビジネス文書の基本

ビジネス文書の役割と種類

01

ビジネス文書には、どのような役割があるのか、
また目的に応じて、いろいろな種類があることを覚えましょう。

▶ ビジネス文書の役割と特徴

　ビジネス文書といっても、役割や種類はいろいろあります。それぞれに共通するのは、用件を正しく伝え相手に理解してもらったり、相手に行動を促したりすることが上げられます。また、書かれてある情報を記録として長く残すことで、お互いのトラブルなどを避ける役割もあります。ルールに則った文書にすることで、書かれている内容や情報を共有することができるのです。

　正確に情報を伝えるために、ビジネス文書は欠かせません。文書やメール、ファクシミリで伝えることで、後々に証拠としてお互いに確認することもできます。

　ビジネス文書は、Ａ４サイズが原則で、用紙１枚に収まる長さが理想的です。文書が複数の枚数なる場合は、１ページ目に要点や内容をまとめることが、相手に理解してもらいやすくなります。

▶ ビジネス文書の種類　「社外文書」と「社内文書」

　ビジネス文書は「社外文書」と「社内文書」の２つに大きく分けることができます。

　「社外文書」は、取引先や顧客など、「社外（会社の外の人）」に向けた文書です。会社の見解を伝える役割があり、正確さや客観性のある文書が必要となります。

　さらに「社外文書」は、実際の業務を進めるための「実務文書」と、挨拶状やお礼状など、儀礼の意味合いが強い「社交文書」に分けることができます。

　一方、「社内文書」は、「会社の中（自社内の人）」が読む文書です。会社から社員へ、社員間の連絡・報告など、業務を円滑に進めるための文書となります。

　社外文書、社内文書、いずれも誰が読んでも内容をすぐに理解できる形式、配慮が、ビジネスの現場では大切になります。

● **社内文書と社外文書の違い**

		ポイント	文書の例
社内文書		効率を重視する	業務報告書・辞令 通知文・稟議書など
社外文書	業務文書	あらたまった形式 内容の正確さ	案内状・依頼状 契約書・督促状など
	社交文書	マナーに のっとった書式 相手を敬う気持ち	挨拶状・祝い状 悔やみ状・礼状など

ビジネス文書の基本とマナー

02

ビジネス文書の基本や、おさえておく必要のある形式・マナーを覚えて、
正確で失礼のない文書を作成しましょう。

▶ 相手に正しく伝えるための
ビジネス文書のルール

　ビジネス文書では、情報を正確に伝えることが重要です。また、文書を届けて仕事が終わるのではなく、依頼・督促など相手の行動を促すことも大切になります。このため、相手の立場を考慮するマナーにかなった文章の作成を心がけましょう。

❶ **内容がわかる書式で書く**	ビジネス文書では、書かれている内容が相手にすぐに伝わることが大切です。そのためには、構成、頭語と結語の決まり、時候の挨拶、用件を1つにしぼるなど、一般的な書式に沿って書くように心がけましょう。伝えたい内容以外の用件や情報は、つけ加えないようにします。
❷ **用件をまず、先に伝える**	用件がひと目でわかるような件名をつけます。具体的なタイトルにだと、相手もすぐに内容を理解してくれます。また、説明がまわりくどいと相手に伝わりにくいので、事前に伝えるべき内容を整理してから書き始めましょう。
❸ **簡潔でわかりやすい文章を心がける**	ビジネス文書では、1文を短めに書くようにします。短くすることで、何が主語で何が述語かがわかりやすくなり、相手の誤解を減らすことにもつながります。伝えるべき内容が多い場合は、箇条書きでまとめるなど工夫をすることで、相手が読みやすくなります。

④ **文章の内容を正確に書く**

社外向け、社内向けを問わず、誤字脱字の多い文章は、書き手の人間性が疑われ、相手からの信頼を得ることにつながりません。また、記載されている数値の間違いや、固有名詞の誤りなどは、特に細心の注意が必要です。完成させる前に、注意して文書を見直すようにしましょう。

⑤ **敬語、慣用的な表現を正しく使う**

ビジネス文書は用件を伝えることだけを目的とするものではありません。受け取った相手が読むことを念頭に入れて、尊敬語、謙譲語、丁寧語といった敬語の使い方に細心の注意を払う必要があります。また、挨拶の言葉などに用いられる慣用的表現についても、相手との関係をよりスムーズにするため大切になるため、きちんと使いこなせるようにしておきましょう。

▶ ビジネス文書を完成させる前に確認するべきポイント

　文章が完成しても、内容を確認せずに相手に届けてしまうと、間違いや勘違いを修正することができません。正しく内容を伝える文書を作成できるように、次のポイントに注意しましょう。

- ☑ 伝えるべき用件が、わかりやすく書かれているか
- ☑ 書式に基づいて文書が作成できているか
- ☑ 相手の宛名、役職を間違えていないか。敬称の間違い、抜けはないか
- ☑ 誤字や脱字、数字の間違いはないか
- ☑「です・ます」「だ・である」など、文章の形式が混在していないか
- ☑ 箇条書きなどで、わかりやすく書かれているか
- ☑ 内容を読み返して、確認したか

▶ ビジネス文書作成の原則

● 文章は「横書き」で。用紙は「A4判」で

挨拶状や案内状など、一部の社外文書を除けば、ビジネス文書は横書きで作成するのが一般的です。用紙は特別な場合を除き、「A4判（210×297mm）」を縦長に用います。
判型を揃えるのは、整理・保存をしやすくするためです。

● 1つの文書に1つの用件

複数の用件を詰め込むと、文書の目的がわかりづらい上、無駄に長くなってしまいます。文書ごとに用件を絞ります。

● なるべく1枚に収める

コピーやファイルをしやすいように、なるべく1枚に収めるのが理想です。文字フォントは10.5ポイントが標準となりますが、1枚に収めるために9ポイントに下げることもあります。詳細なデータが不可欠なときは、データ部分を「添付資料」として別にします。

● 複数ページの場合は通し番号を

文書によってはどうしても、1枚に収まり切らないこともあります。その場合は複数枚にして、ページ右上か下部中央に「ページ番号」をつけます。
その場合は「1／3」「2／3」「3／3」といった具合に、「現在のページ数／全体のページ数」と書くとわかりやすくなります。

● ホチキスを綴じる位置は左上

A4縦の2枚以上の文書をホチキスで綴じる場合、左上を斜めに綴じるのが一般的です。縦書きの場合は右上を綴じることもあります。綴じたことで文章が見えなくなっている部分がないか、違う向きで綴じられているページがないかは、必ず確認しましょう。最近は環境に配慮した「針を使わないホチキス」も販売されています。

● 正式な文書は「正本」「控え」「写し」を作成する

ビジネス文書は原則的に、発信する側が「控え」を保存します。あなたが発信する場合、「正本（実際に送付する文書）」「控え（保管用）」「写し（関連部署などへ参考として通知する文書）」を作成することになります。同一の内容の文書を、3部用意するのが一般的です。

▶ 覚えておきたい「押印」のマナー

　作成した文書を上司や先輩に見せて、「押印」をいただくことがあります。押印が曲がっていたり、周辺が赤く汚れていたりすると、受け手の印象が悪くなってしまいます。押印はまっすぐに押すことがマナーです。

　特に社外文書では、押印は不可欠になります。代表取締役の押印のある文書を、あなたが窓口となって発信する場面も出てきます。この場合は上司などを通じて、社長に印を押してもらうことになります。

● 社印だけの場合

印影の偽造を防ぐために、社名の最後の1文字に印影の中心線がくるように押印します。

● 代表者印だけの場合

印影の偽造防止のほか、署名が間違いないことを証明する意味で、氏名の最後の1文字に半分かかるように押します。ただし、印鑑証明書と照合する場合は、文字にかからないように押しましょう。

● 社印と代表者印の場合

契約書など特に重要な文書には、社印も代表者印も押印します。社印を社名、職名、氏名の中央に、代表者印を氏名の最後の1文字に半分かかるように押しましょう。

発行年月日：令和2年×月×日

御請求書

プレジデント株式会社　御中

株式会社○○ビジネス商事
〒○○○ - ××××
東京都千代田区平河町×丁目×番×号

ご請求合計金額　　330,000 円（税込）

件名	数量	単位	単価	金額

▶ 「定型文」を利用する

　ビジネス文書は、社外文書、社内文書ともに、大半は書式が決まっています。この定まった書式＝「定型文」に沿って書くことで、作成がスムーズになる上、読み手にも伝わりやすくなります。書式や文章の大枠が統一されていることで、管理・閲覧が容易になるのもメリットです。過去の文書を保存しておいて、必要に応じて書き換えましょう。

▶ 「わかりやすい文章」に仕上げるコツ

● 1つの文章を短くまとめる

1つの文章はなるべく短く、30〜50字以内でまとめるようにします。1文で1つの内容だけを扱い、余計な装飾語や接続詞を多用しないようにします。

● 「結論」 から先に書く

読む相手が必要とする「結論」を最初に伝えます。仕事をする上で、上司への報告する時と同じスタンスです。

● 「箇条書き」 を活用する

内容が込み入っていたり、どうしても複数の用件を伝えなければならないときは、「箇条書き」にしてまとめます。無理に1つの文章に収めようとせず、ポイントごとに書き出していくのがよいでしょう。
たとえば、「提案は以下の3点です」といったことを書いてから、「・（なかぐろ）」に続けて1行に1つずつ提案を挙げていきます。1文が短くなるため、読みやすく、書く側の負担も軽減できます。

● 「5W3H」 を意識する

相手に伝えたい必須事項は「5W3H」を意識してまとめると、内容が具体的で伝わりやすくなります。特に「期日」「場所」「値段」などは重要な情報なので、一目でわかるようにします。

When	期日	いつ、いつまでに
What	目的	何を
Why	理由	なぜ
Where	場所	どこで
Who	相手	誰が、誰に
How	方法	どのように
How much	値段	いくらで
How many	数量	いくつ

これ大事

▶ 曖昧な表現を避ける

　ビジネス文書において「多額の予算」や「少し軽い」といった曖昧な表現は避けましょう。人によって受け止め方が異なるからです。数字で表現できることは、できるだけ具体的な数字で伝えるようにします。

✕ できるだけ早く	◯ 5月15日の14時までに
✕ 昨年末	◯ 令和元年12月31日
✕ 相当な期間	◯ 約2ヵ月

● 受け手だけに伝わる「特別な一言」を添える

ビジネス文書で便利な定型文ですが、ときには慇懃無礼に感じられたり、無味乾燥に受け取られたりしてしまうことがあります。そこで定型文であっても、「気持ちを込めて書きました」というポイントを加えるとよいでしょう。
文中に相手の名前を入れたり、前回打ち合わせのお礼の一文を加えたりするだけでも、特別感を出すことはできます。そうした部分が1ヵ所でもあれば、残りは定型文でも気持ちが伝わり、受け入れられるでしょう。

●「用字」「用語」を正しく使う

文章に用いるさまざまな文字を「用字」といいます。用字を組み合わせて、言葉にしたものが「用語」です。
用字や用語の使い方が間違っていたら、内容が正しく伝わりません。
ビジネス文書では、言葉の使い方にも意識を向けましょう。誤解を生みかねない表現は避けることが大切です。用字にはひらがなやカタカナに加えて、「記号」や「符号」も含まれます。

●「区切り符号」の役割と使い方

。	句点。1つの文の終わりに使うのが原則。題名や表題には使いません。	
、	読点。文の区切りや切れ目に用いる。日本語では語句を並列させる場合は「、」を使います。	
:	コロン。項目名との区切りなどに使います。 （例）日時：令和年2月3日　場所：東京本社会議室	
～	なみがた。場所、期間、順序などの間隔を示すときに使います。 （例）5月12日～6月19日、東京～京都、No.1～5	
「　」	かぎかっこ。会話や引用語句など、特に目立たせたい言葉を中に入れます。 （例）先日の報告では「10日に発送した」とのことです。	
『　』	二重かぎかっこ。かっこの中にかっこが入る場合に使います。 （例）報告書には「社長は24日『JAL242便』にて帰国予定」と記載されていました。	

● 数字の書き方

漢数字ではなく「アラビア数字」を用いる。4桁以上の数字は「カンマ」で区切ります。ただし、年号、電話番号、書類番号などはカンマをつけません。

（例）　12,345,678 円
　　　　8,400 本
　　　　2021 年
　　　　0120 - ××× - ×××

● 時刻の書き方

ビジネス文書では、24時間制を用いるのが原則。時と分の間に「:（コロン）」を入れて、数字とコロンだけで書いてもOKです。

（例）　9 時 30 分（または、9:30）
　　　　17 時 50 分（または、17：50）

● 項目番号のつけ方

細目が多い場合は、次のルールに沿って数字をつけていきます。なお、項目番号に「①、②、③」などの「丸つき数字」は使いません。ただし、項目内容をさらに細分化し、箇条書きにするときには、「①、②、③」などの「丸つき数字」を使用することもあります。メールでは、文字化けなどの可能性がある機種依存文字として、これらは使用しません。

（例）　Ⅰ、Ⅱ、Ⅲ
　　　　1．　2．　3．
　　　　（1）　（2）　（3）
　　　　a．　b．　c．
　　　　（a）　（b）　（c）
　　　　17 時 50 分（または、17：50）

03 社外文書の構成要素

書式が決まっている社外文書は、伝えるべき内容を書式に則って書いていくことで、相手に内容が確実に伝わる文書を作成することができます。

▶ 社外文書の基本的な構成

　宛名、件名、挨拶など、社外文書は次のような構成となっています。それぞれの要素の構成要素のポイントを確認してみましょう。

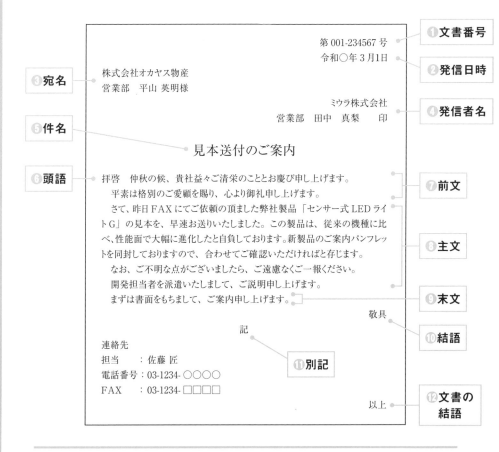

第 001-234567 号
令和○年 3 月 1 日

株式会社オカヤス物産
営業部　平山 英明様

ミウラ株式会社
営業部　田中 真梨　㊞

見本送付のご案内

拝啓　仲秋の候、貴社益々ご清栄のこととお慶び申し上げます。
　平素は格別のご愛顧を賜り、心より御礼申し上げます。
　さて、昨日 FAX にてご依頼の頂きました弊社製品「センサー式 LED ライト G」の見本を、早速お送りいたしました。この製品は、従来の機種に比べ、性能面で大幅に進化したと自負しております。新製品のご案内パンフレットを同封しておりますので、合わせてご確認いただければと存じます。
　なお、ご不明な点がございましたら、ご遠慮なくご一報ください。
　開発担当者を派遣いたしまして、ご説明申し上げます。
　まずは書面をもちまして、ご案内申し上げます。

敬具

記

連絡先
担当　　：佐藤 匠
電話番号：03-1234-○○○○
FAX　　：03-1234-□□□□

以上

①文書番号
②発信日時
③宛名
④発信者名
⑤件名
⑥頭語
⑦前文
⑧主文
⑨末文
⑩結語
⑪別記
⑫文書の結語

▶ 社外文書の各構成要素

❶ 文書番号 ……… 文書を効率的に管理するために番号を入れる場合があります。番号は、会社や組織、文書の重要度によって統一したルールで管理します。

❷ 発信日時 ……… 文書番号の下に日付を入れます。日付は文書を作成した日ではなく、発信する年月日となります。元号、もしくは西暦で表記しますが、ビジネスでは一般的に元号を用います。

❸ 宛名 ……… 文書の受取人の会社名、部署名、役職、氏名、敬称の順に記します。（株）○△□などと会社名を省略せず、株式会社○△□と正式名称で記しましょう。
- 個人に宛てる場合：組織名 ⇒ 役職名 ⇒ 氏名 ⇒ 様
- 職名に宛てる場合：組織名 ⇒ 苗字 ⇒ 役職名
- 組織名に宛てる場合：組織名 ⇒ 御中
- 多数に宛てる場合：各位

❹ 発信者名 ……… 文書の発信者の会社名、部署名、役職、氏名の順に入れます。必要に応じて、所在地・電話番号・FAX 番号を加えたり、押印する場合もあります。

❺ 件名 ……… 文書の内容がひと目でわかるように、具体的な件名を記します。

❻ 頭語 ……… 社外文書では、一般的に頭語から書きはじめ、結語で締めくくります。一般的な文書でよく使われる「拝啓」「敬具」の他にも、丁寧な文書、急ぎの文書、略式の文書などで、使う頭語・結語は変わります。

❼ 前文 ……… 頭語の次に時候の挨拶を続け、受取人の繁栄を喜ぶ言葉を入れます。

❽ 主文 ……… 前文の文末を改行し、「さて」「ところで」などの言葉を主文の最初に入れ、文書の本題（用件）を記します。

❾ 末文 ……… 主文の文末を改行して、「まずは」「取り急ぎ」などの言葉を末文の最初に入れ、「お知らせまで」「ご案内まで」「お願いまで申し上げます」といった挨拶で文を終えます。

❿ 結語 ……… ❻の頭語と対応関係のある結語で文章を終わらせます。

⓫ 別記 ……… 主文の要点を整理したり、箇条書きで伝えられること、さらには担当者名などを別途記します。中央に「記」と書いてから要点を書き出します。

⓬ 文章の結語 ……… 内容がこれ以上続かないことを示すために、最後に右寄せで「以上」と書いて、締めくくります。

04 社内文書の構成要素

社内文書は、社内の業務をスムーズに進めるための文書です。
同じ組織の人に伝わるよう、簡潔で的確な文書を心がけましょう。

▶ 社内文書の基本的な構成

　敬語は控えめにし、伝わりやすい文章にします。受取人は同じ組織の人となるため、儀礼的な表現は必要最小限にとどめましょう。

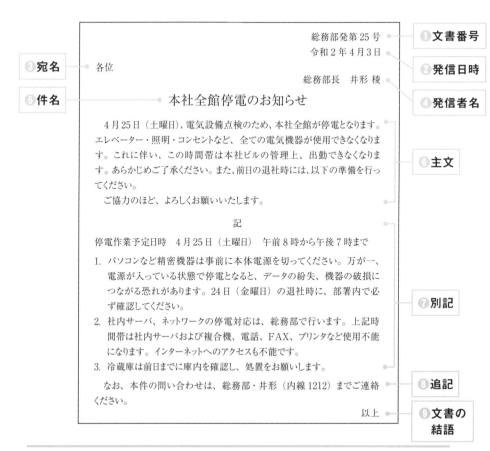

❸宛名

❺件名

❶文書番号
❷発信日時
❹発信者名
❻主文
❼別記
❽追記
❾文書の結語

総務部発第 25 号
令和 2 年 4 月 3 日

各位

　　　　　　　　総務部長　井形 稜

本社全館停電のお知らせ

　4 月 25 日（土曜日）、電気設備点検のため、本社全館が停電となります。エレベーター・照明・コンセントなど、全ての電気機器が使用できなくなります。これに伴い、この時間帯は本社ビルの管理上、出勤できなくなります。あらかじめご了承ください。また、前日の退社時には、以下の準備を行ってください。
　ご協力のほど、よろしくお願いいたします。

記

停電作業予定日時　4 月 25 日（土曜日）　午前 8 時から午後 7 時まで

1. パソコンなど精密機器は事前に本体電源を切ってください。万が一、電源が入っている状態で停電となると、データの紛失、機器の破損につながる恐れがあります。24 日（金曜日）の退社時に、部署内で必ず確認してください。
2. 社内サーバ、ネットワークの停電対応は、総務部で行います。上記時間帯は社内サーバおよび複合機、電話、FAX、プリンタなど使用不能になります。インターネットへのアクセスも不能です。
3. 冷蔵庫は前日までに庫内を確認し、処置をお願いします。

　なお、本件の問い合わせは、総務部・井形（内線 1212）までご連絡ください。

以上

社内文書の各構成要素

① 文書番号 ……… 社外文書と同様に、文書を管理するために番号を入れる場合があります。番号は統一したルールで管理します。

② 発信日時 ……… 実際に文書を提出する日、発信する日付を記します。社外への文書と同様に、元号、もしくは西暦で表記しますが、ビジネスでは一般的に元号を用います。

③ 宛名 ……… 社員各位、部員各位など受取人をここに記します。

④ 発信者名 ……… 所属と氏名を記します。場合によっては、内線番号を記しますが、具体的な担当や問い合わせ先がある場合は、部署名のみでも構いません。

⑤ 件名 ……… この文書の内容がひと目でわかるように、具体的な件名を記します。

⑥ 主文 ……… 具体的な要件を、分かりやすい文章でまとめます。この主文で要点を伝えますが、伝える内容がシンプルな場合には、⑥別記、⑦追記がなく、主文で終わることもあります。

⑦ 別記 ……… 主文の要点を整理したり、箇条書きで伝えられること、さらには担当者名などを別途記します。中央に「記」と書いてから要点を書き出します。

⑧ 追記 ……… 付け加えて伝える内容がある場合、「なお」などの言葉に続けて文章を記入します。

⑨ 文書の結語 ……… 内容に続きがないことを記すために、「以上」と記します。

社内文書を作成する上で気をつけること

● 敬語は必要最低限の丁寧語にとどめる

社内文書は、上司や社長に宛てる文書であったとしても、「です」「ます」の丁寧語のみを使うのが基本です。社外の方へ伝えるような、尊敬語や謙譲語は必要ありません。

● 前文・末文は必要ありません。簡潔にまとめます

件名の後にすぐに要件を書きます。形式的な「前文」と「末文」は原則的に必要ありません。重要な点は別記に箇条書きにするなど、読む人にすぐに伝わるように心がけます。

頭語と結語の決まり

頭語と結語は手紙や文書特有の言葉で、日常の儀礼的な行為と同じ意味があり、「こんにちは」「さようなら」のように対となって使います。

▶ 頭語と結語の選び方

　社外文書は頭語と結語をつけるのが基本です。用件や先方との関係から、適切な頭語と結語を選ぶようにしましょう。

　たとえば「拝啓」には「敬具」というように、頭語と結語には対応する関係があるので、組み合わせを間違えないようにする必要があります。

　頭語だけが記されていて、結語がないと、文章として正確ではありません。文章の最後に結語を書き忘れないように気をつけましょう。

文書の種類	頭語と結語の組み合わせ		
一般的な文書	拝啓 ── 敬具	拝呈 ── 拝具	啓上 ── 拝白
あらたまった丁重な文書	謹啓 ── 敬白	恭敬 ── 謹言	
急ぎの文書	急啓 ── 草々	急白 ── 不尽	
挨拶を省略する文書	前略 ── 草々	冠省 ── 不一	
返信の文書	拝復 ── 敬具	復啓 ── 拝具	
悔やみ状	（※頭語は省略） ── 合掌	（※頭語は省略） ── 敬具	

▶ 頭語と結語の決まり

　頭語は、必ず行頭に書きます（頭語の前に空きは取りません）。頭語の後には、読点（、）や句点（。）を入れず、1字分の空きを取ります。1字分の空きの後、すぐに挨拶の文章に入ります。結語は、最後の行の行末で改行してから右寄せで書きます。結語の後には、句点（。）を付けないのが決まりです。

06 時候の挨拶

文書の目的、内容によって、頭語の後に「時候の挨拶」を入れます。
季節や月ごとの決まった言い回しを用いて、その時々の季節感を表しましょう。

▶ 漢語表現と和語表現

　頭語に続いて、句点、当店を入れずに、1字分空けて、その時々の季節感を表す時候の挨拶を入れます。時候の挨拶は、季節や月ごとに決まった言い回しがあります。

　時候の挨拶には、「春暖の候」といった漢語表現と、「春たけなわの季節となりましたが」などの和語表現があります。ビジネス文書では、一般的に漢語表現が多く用いられます。しかし、和語表現のほうがやわらかい印象があるため、先方との関係や目的に応じて使い分けましょう。

▶ 季節を問わない、「時下」で済ませる場合

　ビジネス文書では、時候の挨拶の代わりに「時下」という言葉を書き出しに記して済ませることも多くあります。季節に関係なく「時下ますますご清栄のこととお喜び申し上げます」といったように使います。

月	漢語表現	和語表現
1月 睦月 （むつき）	新春の候 初春の候 厳寒の候 大寒のみぎり 酷寒のみぎり	早いものでいつしか松の内も明け 寒気厳しい折から 新春とは申せ、堪えがたい寒さが続きますが 大寒を迎えて寒さが一段と身にしみますが 例年にない寒さが続いておりますが

月	漢語表現	和語表現
2月 如月 (きさらぎ)	立春の候 晩冬の候 余寒の候 向春の候 春寒のみぎり	立春とは名のみの寒さが続いておりますが 暦の上では春とはいえ、いまだ真冬の寒さですが 底冷えの残る毎日でございますが 梅のつぼみがふくらみ始めた今日この頃 三寒四温のうちに春の訪れを感じる頃となりましたが
3月 弥生 (やよい)	早春の候 春分の候 軽春の候 浅暖の候 浅春のみぎり	春というのに寒い毎日が続いておりますが 春まだ浅く風も冷たい今日この頃 ようやく春めいて 一雨ごとに暖かくなってまいりましたが やわらかな春の日差しがうれしい季節になりましたが
4月 卯月 (うづき)	晩春の候 春暖の候 陽春の候 桜花の候 春風駘蕩の候	春光うららかな季節を迎え 春たけなわの季節となりましたが 春眠暁を覚えずと申しますが 桜の便りが聞こえてくる今日この頃 いつのまにか葉桜の季節となりましたが
5月 皐月 (さつき)	新緑の候 若葉の候 薫風の候 晩春の候 惜春のみぎり	風薫るさわやかな季節となりましたが 青葉繁れる好季節を迎え 五月晴れの好季節となりましたが 新緑目にしみる今日この頃 はや夏の気配が感じられる頃となりましたが
6月 水無月 (みなづき)	梅雨の候 初夏の候 麦秋の候 初夏の候 向暑のみぎり	梅雨空の季節となりましたが 庭のあじさいが日ごとに色を深めておりますが 衣替えの季節となりましたが 長雨がなやましい日々が続きますが 雨後の新緑がひときわ色濃くなったようですが
7月 文月 (ふみづき)	盛夏の候 大暑の候 猛暑の候 灼熱の候 炎熱のみぎり	梅雨明けの暑さはまたひとしおですが いよいよ夏の到来を迎え 暑さ厳しい折から 夏空がまぶしく感じられる今日この頃 土用に入り、暑さも一段と厳しくなってまいりましたが

月	漢語表現	和語表現
8月 葉月 （はづき）	残暑の候 残炎の候 晩夏の候 暮夏の候 処暑のみぎり	残暑厳しい折から 寝苦しい夜が続いておりますが 日中の暑さはなお厳しい毎日ですが 暑さもようやく峠を越したようですが 暦の上では秋とは申せ、厳しい暑さが去りませんが
9月 長月 （ながつき）	初秋の候 新秋の候 新涼の候 野分の候 新秋のみぎり	美しい秋晴れが続いております 朝夕はめっきりしのぎやすくなりましたが 庭の虫の音に秋の深まりを感じますが 天高く馬肥ゆる秋となりましたが 野山も秋色を帯びてまいりましたが
10月 神無月 （かんなづき）	仲秋の候 錦秋の候 紅葉の候 寒露の候 灯火親しむ候	そろそろ街路樹が色づき始めましたが 日増しに秋の深まりを感じる今日この頃 一雨ごとに秋の深まりを感じますが みるみるうちに日脚が短くなってまいりましたが 秋雨がわびしく感じられる今日この頃
11月 霜月 （しもつき）	晩秋の候 向寒の候 初雁の候 菊花の候 向寒のみぎり	冬の気配が感じられる今日この頃 朝夕はめっきり冷え込むようになりましたが 吐く息もすっかり白くなりましたが うららかな菊日和が続いておりますが 吹く風の冷たさに冬の到来を感じるこの頃
12月 師走 （しわす）	初冬の候 師走の候 寒冷の候 霜寒の候 歳末のみぎり	今年も残り少なくなってまいりましたが 心せわしない年の瀬となりましたが 寒さもひとしを身にしみる今日この頃 余日少なくなった歳晩のこの頃 師走を迎え、なにかと気ぜわしい毎日ですが

先方の繁栄を祝う「慶賀の挨拶」

社外文書の前文には慣用的な表現が使われますが、
先方の繁栄を喜ぶ「慶賀の挨拶」はビジネス文書での大切な要素です。

▶ 会社・組織向けの挨拶と、個人向けの挨拶

　頭語、時候の挨拶の後に、先方の繁栄を喜ぶ言葉を「慶賀の挨拶」を続けます。慣用的な表現を用いますが、これには会社・組織に向けた挨拶と、個人に向けた挨拶があります。ある程度、定形化されていますが、組み合わせはどのように選んでも正解・不正解はありません。ビジネス文書では多くの場合が、先方の会社に向けた言葉になりますが、宛名に個人の氏名を書いた場合も、先方の会社の繁栄を喜ぶ言葉を使います。

● 会社・組織に向けた挨拶

貴社 御社 貴会 貴店 貴行 貴校 皆様	には におかれましては (省略することができる)	ますます いよいよ	ご隆盛 ご清栄 ご繁栄 ご繁盛 ご盛業 ご発展 ご隆昌	のことと の段 の由 のご様子	お喜び申し上げます お慶び申し上げます 大慶に存じます 慶賀の至りに存じます 何よりと存じます

● 個人に向けた挨拶

○○様 貴殿	には におかれましては (省略することができる)	ますます いよいよ	ご健勝 ご清祥 ご活躍	のことと の由 のご様子	お喜び申し上げます 慶賀の至りに存じます 何よりと存じます

08 日頃の「感謝の挨拶」

「時候の挨拶」や「慶賀の挨拶」のあとには、厚情などを受けたことに対する「感謝の挨拶」を続けることで、より丁寧な文書になります。

▶ 日頃の厚情に対するお礼

　前文で先方の繁栄を喜ぶ言葉を書いた後は、日頃の感謝の意を伝える慣用的な表現を用います。日頃からやり取りする機会の多い顧客や取引先に対しては、すぐに用件に入る場合もありますが、つきあいや取引に対する感謝の意を示すことで、より丁寧な文書となります。相手との関係や文書の目的に応じて、適切な表現を組み合わせましょう。

平素は	格別の	ご高配	を賜り	誠にありがとうございます
日頃は	特段の	ご愛顧	をいただき	心より御礼申し上げます
毎度	なにかと	ご厚情	にあずかり	厚く御礼申し上げます
毎々	いろいろと	ご配慮		感謝いたしております
いつも	多大な	お引き立て		
常々	ひとかたならぬ	お心遣い		
先日は	過分の	お心配り		
過日は	身に余る	ご厚誼		
その後				

● **一般的な例**

・平素は格別のご高配を賜り、厚くお礼申し上げます。
・日頃は何かとお引き立てを賜りまして、誠にありがとうございます。

▶ 「感謝の挨拶」を書かない場合

　初めて連絡を取る方など、日頃のつき合いがない相手に対しては、感謝の言葉を書くのではなく、突然の連絡のお詫びを伝えます。

　また、久しぶりに連絡を取る方には、ご無沙汰のお詫びを書くといいでしょう。

● 初めて連絡する相手への挨拶

・突然、お手紙を差し上げるご無礼をお許しください
・不躾ながらお願いがございまして、ご連絡させていただきます

● ご無沙汰のお詫びの挨拶

・平素はご無沙汰いたしまして、誠に申し訳ございません
・長らく心ならずもご連絡を怠り深くお詫び申し上げます

▶ 前文の挨拶でよく使われる例

会社の発展を祝う	ご発展 ご隆盛 ご繁栄	（例）貴社ますますご発展のことと お慶び申し上げます。
個人の健康を祝う	ご健勝 ご清祥	（例）ますますご清祥のことと お慶び申し上げます。
普段は	平素	（例）平素は格別のご高配を賜り、 厚く御礼申し上げます。
以前のお礼を伝える	過日は	（例）過日はお忙しい中、弊社まで お越しいただき誠に ありがとうございました。
深い感謝の気持ちを 伝える	ひとかたならぬ	（例）○○様には、日頃より ひとかたならぬご支援を いただき心より 御礼申し上げます。
時候の挨拶の代わり	時下	（例）時下ますますご清栄のことと お喜び申し上げます。
連絡が遅くなった お詫び	ご無沙汰	（例）平素はご無沙汰いたしまして、 誠に申し訳ございません。
初めて連絡する 相手へ	無礼	（例）突然、お手紙差し上げる無礼を お許しください。

09 挨拶後の用件に入る決まり文句

前文が終わると、用件に入るときに決まり文句が使われます。読む人の注意を引きつけて「これから用件に入ります」ということを知らせる役割があります。

▶ 用件に入る決まり文句

　前文での挨拶が終わって、いよいよ用件に入るとき、主文の冒頭で「さて」「ところで」といった言を使います。

さて	さて、このほど弊社では
ところで	ところで、○月○日付「毎夕流通新聞」の
さっそくですが	貴社広告を拝見いたしました
このたびは	さっそくですが、先日ご注文いただきました○○の件で

▶ 結論をまとめる決まり文句

　用件をひととおり述べた後、最後のまとめに「つきましては」という言葉を置いて結論を述べます。文書の目的を明確にする効果があります。

つきましては	つきましては、お見積もり書の作成をお願いいたします

▶ 用件を補足する決まり文句

　補足したい事柄があれば、「なお」という言葉を置いてから、主文の最後に書き加えます。

なお	なお、○○につきましては、担当より改めて回答させていただきます

10 用件をまとめる 結びのひと言

結びの一言は、用件をまとめて簡潔にしめくくるために使います。
慣用句を上手に使って読んだ後に好感を残してもらうようにしましょう。

▶ 用件の要旨をまとめるひと言

　結びの一言は「まずは」「取り急ぎ」などの慣用句で書き始めます。お礼の文章であれば「略儀ながら書中をもってお礼申し上げます」、案内状であれば「まずは書面にてご案内申し上げます」などと使い分けます。

まずは 取り急ぎ 略儀ながら	書面にて 書中をもって 書中をもちまして	ご通知 ご案内 お知らせ ご依頼 お願い お礼 お見舞い お詫び お悔やみ	まで 申し上げます

簡潔で読みやすい

▶ 今後の親交や厚誼を願う挨拶

今後とも	なにとぞ 変わらぬ 倍旧の	ご愛顧 お引き立て ご高配 ご指導 ご支援 ご鞭撻	のほど を賜りますよう くださいますよう	よろしくお願い 申し上げます

▶ 結びの挨拶でよく使われる例

通知を目的とした文書	（例）まずはご通知申し上げます。 まずは取り急ぎご挨拶まで。 取り急ぎご返事申し上げます。
案内を目的とした文書	（例）お礼かたがたご案内まで。 ご案内かたがたご返事申し上げます。
返事を求める場合	（例）お忙しい中、大変恐縮でございますが、 お返事をいただきたくお待ち申し上げます。 申し訳ございませんが、6月30日までに ご回答いただければ幸いに存じます。
今後の親交を願う	（例）今後ともよろしくお願い申し上げます。 変わらぬご愛顧のほど、 よろしくお願い申し上げます。
断りの結び	（例）あしからずご了承くださいますよう、 お願い申し上げます。 誠に遺憾ながら、 ご期待に添いかねますので、 何卒ご容赦ください。
相手の健康や繁栄を願う	（例）貴社ますますの ご発展をお祈り申し上げます。 時節柄くれぐれもご自愛のほど お祈り申し上げます。

第 **2** 章

敬語の基本

丁寧語

謙譲語

尊敬語

相手への敬意

敬語の正しい使い方

敬語は、年齢や考え方、立場が異なる人たちと、
互いを尊重してコミュニケーションをとるために必要です。
ビジネス文書の中でも相手を敬う気持ちを、正確に表せるようにしましょう。

▶ 敬語はビジネスの現場でのコミュニケーションの基本です

　社会人となると、さまざまな立場の人たちと、コミュニケーションをとりながら、仕事を進めることが大切になります。ビジネスは、表面的には合理的なやり取りで成り立っているように見えますが、「相手を敬う気持ち」が大切です。敬語をきちんと理解できていないと、逆に相手を不快にさせてしまうこともあります。文書でこちらの考えを正しく伝えるために「尊敬語」「謙譲語」など、基本となる5つの型を覚えましょう。

尊敬語

謙譲語 I

丁寧語

謙譲語 II

美化語

5つの型

▶ 敬語の「5つの型」

● 尊敬語

目上の型の動作を高め、相手を敬う気持ちを表す言葉です。「言う」を「おっしゃる」というように言葉そのものが変わるパターン、「話す」を「お話になる」というように言葉の前後に敬意を表す言葉をつけるパターン、「受け取る」を「受け取られる」というように、語尾に「れる」「られる」をつけるパターンと、3つのパターンに分けることができます。

● 謙譲語I（伺う・申し上げる型）

自分から相手側を立てて、その相手に向かう行為について述べる言葉です。「会う」を「お目にかかる」というように言葉そのものが変わる場合と、「届ける」を「お届けする」というように敬意を表す言葉をつける場合があります。自分を下げる表現であるため、謙譲語Iの主語は「私」となります。

● 謙譲語II（参る・申す型）

自分の行為を、相手に対して丁寧に表す言葉です。敬うべき動作の対象が本人（私）でない場合の謙譲語です。その場や状況に対するあらたまった気持ちを示す表現であるため、丁重語とも言われます。

● 丁寧語

文章の相手や、状況、事柄に対して「です」「ます」「ございます」をつけて、丁寧に表現する言葉です。ビジネス文書の基本となります。

● 美化語

「返事」を「ご返事」、「祝儀」を「ご祝儀」と伝えるなど、物事を美化して表現するときに用います。

12 尊敬語の基本

敬意を表したい相手の行動、状態、物事を高めて表現し、
敬う気持ちを表す言葉が尊敬語です。「お客様が」「部長が」といったように、
相手を主語として考えるとわかりやすいでしょう。

▶ 尊敬語の3つパターン

　尊敬語は相手を高める表現です。自分が所属する組織の中の上司や、取
引先、お客様など目上の相手に使います。尊敬語には、言葉そのものが変
わるものと、言葉の前後、あるいは語尾に特定の言葉をつけるものがあり
ます。以下の3つのパターンを覚えましょう。

言葉 そのものが 変わる	お客様が言う　➡　お客様がおっしゃる
	社長が見る　➡　社長がご覧になる
言葉の前後に 「お〜〜になる」 「ご〜〜になる」 をつける	部長が話す　➡　部長がお話になる
	お客様が参加する　➡　お客様がご参加になる
語尾に 「れる」「られる」 をつける	課長が荷物を持つ　➡　課長が荷物を持たれる
	お客様が商品を受取る　➡　お客様が商品を受け取られる

● **同じ言葉でも、尊敬語によって表現が変わります**

行く 来る	いらっしゃる	本日、東京駅へいらっしゃる際には	（行く）
		弊社の○○工場へいらっしゃる	（来る）
	おいでになる	会場へおいでになる	（行く）
		弊社の○○支社へおいでになる	（来る）
	お越しになる	展示会にお越しになる	（行く）
		弊社の○○営業所へお越しになる	（来る）

会場へおいでになる際は・・・

同じ言葉でも表現が
変わってくるのよね！

13 謙譲語の基本

謙譲語には、敬うべき動作の対象が本人（その方）である場合［謙譲語I］と、動作の対象が本人でない場合［謙譲語II］の2種類があります。

▶ 謙譲語I（伺う・申し上げる型）の基本と使い方

　自分の行動、状態、物事をへりくだって表現し、結果として相手を高める言葉です。自分を下げて相手を高めるため、必然的に「私」が主語になります。

言葉 そのものが 変わる	お客様に会う ➡ お客様にお目にかかる
	昼食を食べる ➡ 昼食をいただく

言葉の前後に 「お〜〜する」 「ご〜〜する」 をつける	お客様に届ける ➡ お客様にお届けする
	先生を案内する ➡ 先生をご案内する

▶ 謙譲語Ⅱ（参る・申す型）の基本と使い方

謙譲語Ⅰと謙譲語Ⅱは、敬うべき動作の対象によって区別されます。

● 謙譲語Ⅰ（伺う・申し上げる型）

敬うべき動作の対象が相手本人である場合の謙譲語です。

（例）　社長に申し上げる
　　　　お客様をご案内する

● 謙譲語Ⅱ（参る・申す型）

敬うべき動作の対象が本人ではない場合の謙譲語です。丁寧に報告するときなどに使います。

（例）　食事に参りました
　　　　母に申し伝えます

自分を下げて　　　　相手を高める

14 丁寧語・美化語の基本

丁寧語は丁寧な言葉遣いにすることで、相手に対して敬意を示す表現です。
美化語は、言葉の頭に「お」や「ご」をつける言い換えの表現になります。

▶ 丁寧語の基本と使い方

　基本的には語尾に「〜〜です」「〜〜ます」「〜〜ございます」をつけます。

語尾に「〜〜です」「〜〜ます」「〜〜ございます」をつける	会議は 10 時からだ　➡　会議は 10 時からです
	駅から約 200 メートル歩く　➡　駅から約200メートル歩きます
	本日はありがとう　➡　本日はありがとうございます

▶ 美化語の基本と使い方

　言葉の頭に「お」や「ご」をつける言い換え表現は、美化語と呼ばれる場合があります。この場合、丁寧語とは別の敬語の一種として考えます。頭に「お」をつけるのか、「ご」をつけるのかには、一定の法則があります。「お」や「ご」をつけないことが正しい言葉もあるので、注意が必要です。やたらに「お」や「ご」をつけようとすると、かえって変な言葉になってしまうことがあります。

| 「お」
（基本的に訓読みの和語につける） | 住まい ➡ お住まい |
| | 名前 ➡ お名前 |

| 「ご」
（基本的に音読みの漢語につける） | 住所 ➡ ご住所 |
| | 氏名 ➡ ご指名 |

●「お」や「ご」をつけない言葉

役職や 職業	✕ ご社長 ✕ ご先生

公共の ものや 施設	✕ ご電車 ✕ ご学校

外来語	✕ おランチ ✕ おハンカチ

自然現象	✕ ご台風 ✕ お雨

悪い 意味に とられる 言葉	✕ ご失敗 ✕ ご頭痛 ✕ ご離婚

果物	✕ お梨 ✕ おイチゴ

おイチゴ
いかが
ですか？

第**2**章　敬語の基本

▶ よく使われる敬語表現

普通の表現	尊敬語	謙譲語	丁寧語
会う	お会いになる	お目にかかる	会います
言う	おっしゃる	申す	言います
行く	いらっしゃる	伺う、参る	行きます
来る	いらっしゃる お越しになる	伺う、参る	来ます
いる	いらっしゃる	おる	います
聞く	お聞きになる お耳に入る	伺う 拝聴する	聞きます
見る	ご覧になる	拝見する	見ます
する	される、なされる	いたす	します
食べる	召し上がる	いただく	食べます
着る	お召しになる	着る	着ます
与える	くださる	差し上げる	与えます
もらう	お受けになる	頂く、頂戴する たまわる	もらいます
帰る	お帰りになる	失礼する	帰ります
知っている	ご存じである	存じている（人以外） 存じ上げる（人）	知っています
思う	お思いになる お考えになる	存じる	思います

▶ 名詞の尊敬語と謙譲語

名詞	尊敬語	謙譲語
会社	御社、貴社	弊社、小社
団体	貴会	小会
店舗	貴店	当店
担当者	ご担当者様、ご担当の方	担当の者
同行者	お連れ様	連れの者

▶ ビジネスシーンで使う表現

普段遣いの言葉	ビジネスの場にふさわしい表現
あっち、こっち	あちら、こちら
そっち、どっち	そちら、どちら
さっき	先ほど
今	ただ今
後で	後ほど
もうすぐ	間もなく

普段遣いの言葉	ビジネスの場にふさわしい表現
ちょっと	少々
すごく	とても
段々と	次第に
すみません	申し訳ありません 申し訳ございません
わかりました	かしこまりました 承知いたしました
いいですか	よろしいでしょうか
どうですか	いかがでしょうか
わかりません	わかりかねます
できません	いたしかねます
おととい	一昨日（いっさくじつ）
昨日	昨日（さくじつ）
今日	本日（ほんじつ）
あした	明日（みょうにち）
あさって	明後日（みょうごにち）

15 間違えやすい 敬語の表現

敬語を重ねて使ってしまったり、尊敬語と謙譲語を間違えたりすることで、
敬意が正しく伝わらないことがあります。間違えやすいポイントを整理しましょう。

▶ 起こりやすい敬語のミス

● 二重敬語

1つの言葉には1つの敬語が原則です。2つ以上の敬語を重ねると過剰な表現となります。

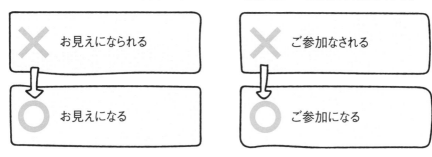

すでに敬語が使われているのに、さらに「お」や「ご」をつてしまい、二重敬語になるケース
もあります。
この間違いは、言葉自体が変わる尊敬表現に、「お」をつけたり、「れる」「られる」をつけて
しまうケースによく見られます。
たとえば、以下の2つの例文は、「召し上がる」「おっしゃる」だけで、尊敬語として成立してい
ます。そこに「お」や「られる」をつけてしまったので、二重敬語になっています。

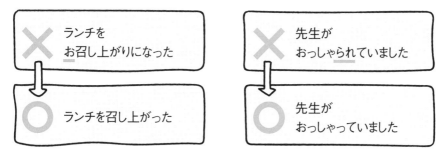

似たような失敗の例として、次のようなものがあります。こちらは「する」の尊敬語「なさる」に「れる」をつけることで、二重敬語になっています。

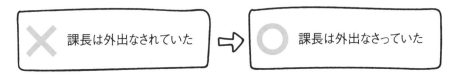

| ✕ 課長は外出なされていた | ⇨ | ◯ 課長は外出なさっていた |

● 敬語と謙譲語を間違える

敬語を間違えて使うケースとして、尊敬語と謙譲語I・謙譲語IIを間違えるパターンもよくあります。敬意を表したい相手に謙譲語を使ってしまったり、自分に対して尊敬語を使ってしまうという誤用です。

たとえば、上司や社外の人やお客様には、尊敬語である「なさいます」「いらっしゃいます」などを用います。謙譲語の「いたします」「ございます」を使うのは間違いとなります。

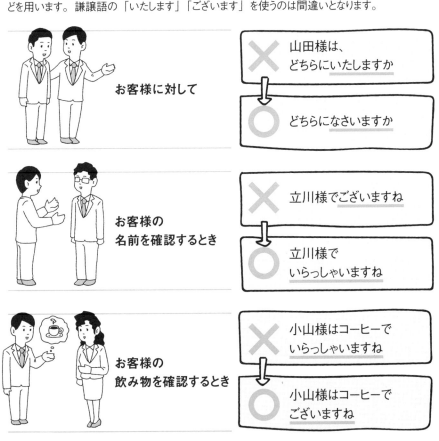

お客様に対して

✕ 山田様は、どちらにいたしますか

◯ どちらになさいますか

お客様の名前を確認するとき

✕ 立川様でございますね

◯ 立川様でいらっしゃいますね

お客様の飲み物を確認するとき

✕ 小山様はコーヒーでいらっしゃいますね

◯ 小山様はコーヒーでございますね

● 身内敬語

社内など、同じ組織に属している人に対しての敬語であるのか、組織以外の人に対しての敬語であるのかによって、敬語の使い方は異なります。あなたにとって上司は目上であり、普段は迷わず敬語を使うべき存在です。しかし、そこにお客様など、社外の人が同席している場合は、状況が変わります。社外の人に対しては、たとえ自分の上司であっても、尊敬語は使いません。敬語は、同じ人を指す場合でも、誰に対して使うかによって、使う言葉が変わってきます。

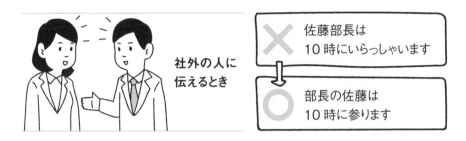

社外の人に伝えるとき

✕ 佐藤部長は
10時にいらっしゃいます

⬇

◯ 部長の佐藤は
10時に参ります

社外の人と接する際は、役職の伝え方にも配慮が必要です。「部長」や「課長」などの役職名は敬称であり、尊敬の意味を持つ敬語の一種です。社外の人に対して、自社の部長を指すときは、「田中部長」ではなく「部長の田中」あるいは「田中」と表現します。
また、敬称に「様」をつけると二重敬語になります。他社の部長を指すときは「近藤部長様」ではなく、「近藤部長」「部長の近藤様」と表現します。

お客様に自分の上司の 状況を伝える	社外の役職者に お願いをする

あいにく（部長の）田中は、その日は不在の予定になります

部長の近藤様にも同席を賜りたく、お願い申し上げます

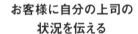

▶ 混同しやすい敬語

● 「存じ上げる」（知っている）の間違えやすい例

相手の人を知っているときは「存じ上げる」を、物や場所などを知っているときは、「存じる」を用います。

✕ 御社の山中様を存じ**ています**	✕ 京都営業所の場所を存じ**あげています**
○ 御社の山中様を存じ**あげております**	○ 京都営業所の場所を存じ**ております**

存じる深い‼️

● 「〜〜のほう」は使わない

「〜〜のほう」は、比べるものがあるときに使う言葉です。 何もないのに使うのは、文章として明らかな間違いとなります。
「〜〜から」も誤用されるケースが多い使い方です。文書の中で使う必要はありません。

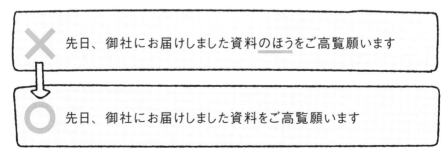

✕ 先日、御社にお届けしました資料**のほう**をご高覧願います

○ 先日、御社にお届けしました資料をご高覧願います

第 3 章

封筒・はがき・
FAX・SNSの基本

706-0032

東京都港区六本木三丁目×番×号

六本木ビル七階

ベテラン株式会社　製造部

部長　山田一郎　様

親展

封筒の書き方と
手紙の折り方・入れ方

ビジネスで封筒を使って文書を送る際に、封筒の選び方や宛名の書き方など
ルールや基本を覚えておきましょう。

▶ 封筒の種類とそれぞれの用途

　ビジネスで封筒を使用する場合は、「社外文書を送る」「請求書や領収書など事務的な文書を送る」「社交・儀礼文書を送る」など、用件よってふさわしい封筒を選ぶことが大切です。葬礼関係の文書は、「不幸が重なることを避ける」という意味で、二重の封筒を使わずに一重の封筒を使います。

封筒の種類	用　途
和封筒（社名入り）	一般的な社外文書
茶封筒	事務的な文書（請求書や領収書など）
洋封筒（角封筒）	招待状や挨拶状などの儀礼文書
和封筒（二重）	祝い状や礼状など、あらたまった社交・儀礼文書
和封筒（一重）	悔やみ状など葬礼関係の文書

▶ 宛名書きにふさわしい筆記用具は

　宛名を手書きで記す場合は、万年筆やボールペン、サインペンを使うことが一般的です。目上の方に出す場合は、黒いインクの万年筆を使いましょう。
　招待状や挨拶状、祝い状、葬礼関係の封書の宛名には毛筆や筆ペンを使います。お祝いごとでは濃い墨で、葬礼関係の文書ではグレーの薄墨で宛名を書きます。ダイレクトメールなど、用途によっては印刷して宛名を記しても失礼にはあたりません。送る用途によって、丁寧な印象となる手書きの宛名と使い分けるようにしましょう。

▶ 和封筒の書き方

● 表書き

❶ 切手

切手は、封書の重さや大きさに合った金額の切手を貼ります。切手の枚数は、なるべく1枚だけになるように金額の合ったものを選ぶのがよいでしょう。記念切手などを何枚も貼るのは避けましょう。

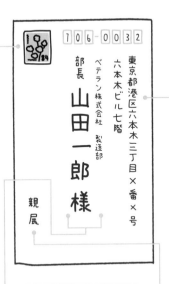

❷ 住所

- 封筒の右端から1～1.5cmほど空け、上は郵便番号欄から1cmほど空けた位置に住所を書きます。
- 都道府県を省略せずに記し、数字は原則として漢数字を使います。例えば「12」のように「一二」となって読みにくい場合は「十二」と書くなど、「十（じゅう）」を使うとよいでしょう。
- 住所はできるだけ1行にまとめますが、どうしても収まりきらない場合は、ビル名や建物名から2行目へと改行します。この場合、1行目の最初の1文字の半分の位置（図の場合「東京都の"東"の文字の上下の中心」から2行目を書き始めます。
- 2行にする場合、番地の途中など、中途半端な場所から改行はしません。必ず、ビル名や建物名から2行目へと改行します。

❸ 社名と宛名

- 社名は省略せずに「○○○○株式会社」「有限会社○○○○」と正式名称で書きます。
- 宛名は封筒の中央に、住所・社名より少し大きめの字で書きます。ただし、肩書（役職）は、宛名の上に氏名よりも小さい字で記入します。
- 敬称は一般的には次のように使い分けます。連名にするときは「山田一郎様　鈴木二郎様」といった具合にそれぞれの名前に敬称をつけます。

用途	敬称	敬称をつけた例
個人	様	山田一郎 様
企業・役所・団体	御中	プレジデント商事株式会社 御中 総務部 御中
複数の個人 （同文送付）	各位	お客様 各位 社員 各位

❹ 外脇付け

- 宛名の左下に小さめの字で書いて、同封物やその文書の取り扱い方を示します。

親展	宛名の本人が開封してください。
重要	重要な文書なので丁重に扱ってください。
至急	届いたらすぐに開封して、迅速に対応してください。
○○在中	○○が同封されています（請求書在中、資料在中など）。

※宛名の書き方の例

送り先が「会社」であるのか、「担当部署」であるのか、「肩書（役職）がある個人」であるのか、「肩書（役職）を記さない個人」であるのかによって、宛名の書き方は異なります。

会社に宛てて送る

株式会社イワサキ醤油　御中

- 先方の社名の下に「御中」と書きます。社名は省略せずに「○○○○株式会社」「有限会社○○○○」と正式名称で記入します。

担当部署に宛てて送る

株式会社イワサキ醤油　営業本部　営業第二課　御中

- 先方の部署名の下に「御中」と書きます。
- 社名のあとに続けて部署名を入れようとすると、長くなってしまう場合は社名を書き終えたところで改行して、部署名を記入します。

肩書（役職）のある個人に送る

株式会社イワサキ醤油　営業本部　本部長　前田泰治　様

- 社名と部署名を書いたところで改行して、宛名を書きます。
- 社名のあとに続けて部署名を入れようとすると、長くなってしまう場合は社名を書き終えたところで改行して、部署名を記入します。
- 個人の名前（中央に書きます）は、上から肩書（役職）、宛名、敬称（様）という順で書きます。肩書（役職）は、名前よりも小さい字で書きます。

肩書（役職）を記さない個人に送る

株式会社イワサキ醤油　営業本部　営業第二課　本間美緒　様

- 社名と部署名を書いたところで改行して、宛名を書きます。
- 社名のあとに続けて部署名を入れようとすると、長くなってしまう場合は社名を書き終えたところで改行して、部署名を記入します。
- 個人の名前（中央に書きます）の次に、敬称（様）をつけます。

❶ 封締め

封をするときは、糊または両面テープを使ってしっかりと貼りつけます。正式には留めている部分が見えるセロハンテープやホチキスなどは使いません。封をしたことを証明するために、中心部に「〆」と記入します。よりあらたまった場合は、「封」と記入するか、もしくは「緘」という文字の封緘印を押します。

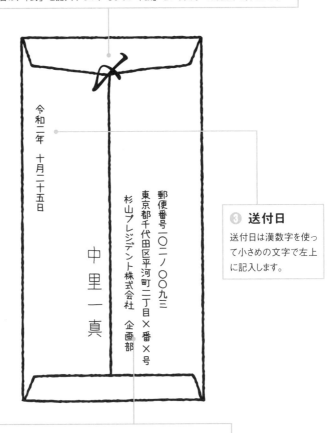

令和二年　十月二十五日

郵便番号一〇二ノ〇〇九三
東京都千代田区平河町二丁目×番×号
杉山プレジデント株式会社　企画部

中里一真

❸ 送付日

送付日は漢数字を使って小さめの文字で左上に記入します。

❷ 差出人

- 封筒の中央の合わせ目より右側に「差出人の住所」「社名」「部署名」を書きます。
- 封筒の中央の合わせ目より左側に「差出人の氏名」を書きます。差出人の氏名は、住所や社名よりも少し大きい字で、記入します。名前は住所の書き出しよりも下から書き始めます。
- 郵便番号は、印刷された枠がある場合はその枠に記入します。この場合は、和封筒でも、漢数字ではなく算用数字（1・2・3……）で書いて良いでしょう。印刷された枠がない場合は、住所の右に書きます。

▶ 洋封筒の書き方

● 「横書き」の表書きと裏書き

❶ 切手
切手が右上にくるようにします。

❷ 表書きの住所
横書きなので、数字は算用数字（1・2・3・4・5……）を使います。

❸ 表書きの宛名
住所、社名よりも少し大きい字で記入します。

❹ 裏書き
封じ目の下に住所、社名、差出人の氏名を書きます。

● 「縦書き」の表書きと裏書き

お祝いごと　　　　　葬礼関係

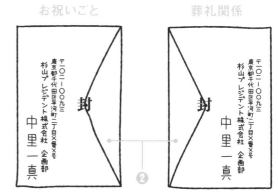

❶ 表書き
和封筒の表書きと同じように記入します。

❷ 裏書き
お祝いごとの封書は左に閉じて、封じ目の左に住所、社名、差出人の氏名を記入します。法事の案内状など葬礼関係の封書は逆となり、封じ目の右に住所、社名、差出人の氏名を記入します。

▶ 手紙の折り方と入れ方

　手紙は基本的に、封筒から取り出したときに、読む人が広げて読みやすいように折って入れます。

● 和封筒へ入れる

ビジネス文書では、A4の用紙を使うことが多く、和封筒へ入れる場合は通常は、三つ折りにして入れます。

 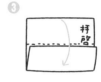 

①②まず、下3分の1を折ります。　③次に、上3分の1を折って重ねます。　④書き出し部分が封筒の右上になるように入れます。

B5の文書を和封筒へ入れる場合は、四つ折りにして入れます。

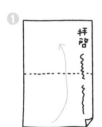  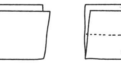

①②まず、下から上に半分折ります。　③さらに、上から下に折り重ねます。　④書き出し部分が封筒の右上になるように入れます。

● 洋封筒へ入れる

洋封筒は、上下に折った後に左右に折って、封筒に入れます。

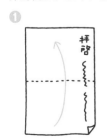  

①②下から上へ半分に折ります。　③右から左へ半分に折ります。　④書き出し部分が封筒の右上になるように入れます。

17 はがきの書き方の基本

はがきは封書よりも簡略化されたもので、正式な書類の扱いにはなりません。
自分から送る場合、返信用のはがきの書き方など基本的なルールをおさえましょう。

▶ はがきの表書き

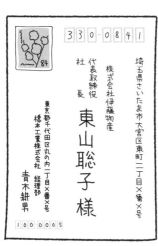

① 住所

- はがきの右端から1～1.5cmほど空け、上は郵便番号欄から1cmほど空けた位置に住所を書きます。
- 都道府県を省略せずに記し、数字は原則として漢数字を使います。
- 住所はできるだけ1行にまとめますが、どうしても収まりきらない場合は、ビル名や建物名から2行目へと改行します。
- 2行にする場合、番地の途中など、中途半端な場所から改行はしません。必ず、ビル名や建物名から2行目へと改行します。

② 社名と宛名

- 社名は省略せずに「○○○○株式会社」「有限会社○○○○」と正式名称で書きます。
- 宛名は、はがきの中央に、住所・社名より少し大きめの字で書きます。ただし、肩書（役職）は、宛名の上に氏名よりも小さい字で記入します。肩書（役職）の文字数が多い場合、改行してもかまいません。
- 敬称は、はがきの表書きと同様に「様」「御中」「先生」「各位」を使います。

③ 差出人の住所と氏名

- 切手の下部に、先方の住所や宛名よりも小さい文字で書きます。裏面に書いてもかまいません。いずれに書く場合でも、郵便番号を忘れずに書くようにしましょう。

● はがきで注意するべきこと

- 個人情報やプライバシーにかかわる内容は、はがきには記さないようにします。他の人に見られて困る内容や、損害が生じる恐れのあるものは、封書で伝えるようにしましょう。
- ビジネスでのはがきのマナーとして、基本的には縦書きで書くようにします。

▶ 返信用はがきの書き方

● 返信用はがきの表書き

- 相手への敬意を払うため、宛名の下の「行」を、二本線で消して敬称に手書きで書き直します。
- 個人名であれば「行」を「様」とします。会社や担当部署宛ての場合は、「行」を「御中」とします。

● 裏書き／出席の場合

- 出席する返信の場合、御出席の「出席」を○で囲み、すぐ上の「御」と、「御欠席」を二重線で消します。
- 御住所の「御」と、御芳名の「御芳」を、二重線で消して、その下に住所と氏名を記入します。
- 余白に一言、メッセージを書き添えると気持ちが伝わり、喜ばれます。
- メッセージの中では、「、」「。」といった句読点は、「途切れる」「終わる」につながるという意味から、お祝いごとには使わないほうがよいとする考えもあるため、使用しないほうがいいでしょう。

（例）　このたびはおめでとうございます
　　　　喜んで出席させていただきます

● 裏書き／欠席の場合

- 欠席する返信の場合、御欠席の「欠席」を○で囲み、すぐ上の「御」と、「御出席」を二重線で消します。
- 御住所の「御」と、御芳名の「御芳」を、二重線で消して、その下に住所と氏名を記入します。
- 余白に一言、お祝いの言葉と欠席の理由、お詫びの言葉を簡潔に記入しましょう。

（例）　このたびは誠におめでとうございます
　　　　当日はやむを得ない事情のため
　　　　誠に申し訳なく存じます
　　　　ご盛会を祈念いたしております

表書き

出席する場合

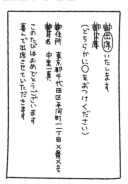

欠席する場合

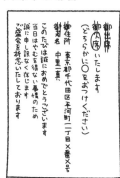

18 一筆箋のマナー

短冊形の小さな便箋「一筆箋」は、通常の手紙と違って肩肘はらずに書けるものです。
ひと言メッセージを添えて、相手にいい印象を持っていただくために
一筆箋のマナーをおさえましょう。

▶ 一筆箋の位置づけ

　一筆箋は小さな便箋ですが、横8センチ×縦18センチ程度のものが、よく使われています。B5サイズの便箋と比べても、書くことができるスペースは5分の1ほど。シンプルな無地のものや、罫線があるものなど、手書きで伝えたい内容を、ストレスを感じることなく書くことができます。

　また、本格的な手紙と違って、頭語や結語、時候の挨拶など形式張った言葉がなくても問題はありません。

▶ ビジネスシーンでの使い方

　取引先へ資料などを送るときに、添え状のほかに一筆箋に手書きのメッセージを書いて同封すると丁寧さが伝わります。お客様からご注文をいただいた商品を送る際に、感謝の気持ちや、次につながるようなひと言を書いて同封するのもよいでしょう。

　社内での使い方としては、同僚に何か依頼をしたり、お礼をしたりする際に、一筆箋でひと言添えるといった使い方もできます。出張や旅行のお土産を渡したり、差し入れしたりするときに添えてもよいでしょう。

● 一筆箋を使うときに注意すること

- 自由度が高い一筆箋ですが、相手や状況、用途に応じた配慮が必要です。最初に「相手の名前」、最後は「自分の名前」を書きますが、いずれもフルネームで書きましょう。先方の社名を書くとより丁寧な印象になります。

- 特に社外の人に添える一筆箋には、シンプルな印象を与えるものが無難です。無地の縦書きが、最もフォーマルな印象を与えます。送る相手との関係によっては、季節を感じさせるワンポイントのイラストなどが入っていても、失礼には当たりません。

- 資料を添えるときは、クリアファイルに資料とともに入れたり、クリップで資料に留めたりするなど、まぎれないようにしましょう。

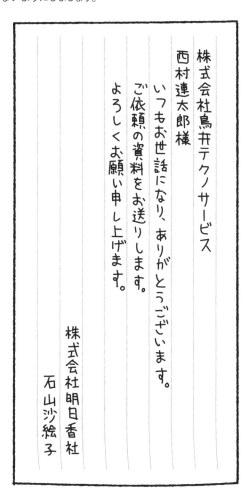

株式会社鳥井テクノサービス
西村連太郎様
いつもお世話になり、ありがとうございます。
ご依頼の資料をお送りします。
よろしくお願い申し上げます。

株式会社明日香社
石山沙絵子

19 FAXの基本

ビジネスツールとしてのFAXには送付状が欠かせません。
手軽に文書を送ることができますが、受け取る相手がストレスなく受信できるよう、
基本的なルールとマナーをおさえましょう。

▶ FAXには送信状をつけましょう

　手軽に文書を送信できるFAXですが、1枚目に用件や発信者の名前、枚数などを記した送付状をつけるのがマナーです。送信状、FAXシートなどとも呼ばれますが、「誰から誰に宛てたFAXであるか」「どのような用件の内容が何枚送られてきたのか」を知らせる役割があります。

　日付、宛名、送信枚数、件名、本文などを空欄にしたフォーマットを用意しておくと、送付状を作成するときに、抜け漏れがありません。送付状の用紙は、ほかとそろえやすいA4が一般的です。

▶ FAXを送るときに気をつけること

　FAX は、最終的に相手が紙で受け取るため、送信時に以下の点に注意して送りましょう。

● 原則として、送信状はつけて送る

FAX では基本的に必ず送信状をつけて送信するようにします。次のページの送信状の見本を参考としましょう。

● 大量の枚数を、先方に断りなく送りつけない

大量の枚数を FAX は、相手の用紙が不足したり、紙づまりの原因になったりする可能性もあります。一度に10 枚を超える FAX を送る必要がある場合は、電話であらかじめ先方に確認をとるようにしましょう。

● 送信直前に FAX 番号を再確認する

送信する直前に、FAX 番号が間違っていないか必ず確認しましょう。誤送信は、送るべき相手だけでなく、間違って送られた相手にも迷惑をかけることになります。

● プライバシー・機密事項に関する内容は送信しない

送信した先方の会社では、FAX で送られてきた文書を誰が受け取るかはわかりません。プライバシーや機密事項に関わる内容を FAX では送らないようにします。重要な書類は、受け取る方宛ての郵送が基本です。

● 細かい文字や図は FAX では送らない

FAX で送信すると、機械の性能や印刷具合によって、細かい文字や図が判別しにくくなる場合もあります。このような内容を伝えたい場合は、郵送やメールの添付書類など、別の方法で送るようにしましょう。

▶ 送信状の基本的な構成要素

　送信状は、誰から送られたもので、誰に宛てたのかを示すものです。以下の必要事項を記入するのはもちろんですが、文字の読みやすさにも気を配りましょう。

❶ 日付 ……………… 文書を送信する年月日を記入します。先方が送信日に目を通すことができない可能性もあるので、日付を入れることは重要です。

❷ 宛名 ……………… 送信先の会社名、部署名、担当者名を書きます。間違いがあると、届けるべき相手に届かなくなる恐れがあるため、注意しましょう。FAX番号を記入しておくと、送信間違いなどがあったときに確認することができます。

❸ 送信枚数 ………… 受け取った人に送信枚数を確認してもらうために、必ず記入します。もし、送信時にミスがあって、枚数が足りない場合などに、発信者・送信先ですぐに確認をすることができます。

❹ 発信者名 ………… 発信者の会社名、部署名、氏名などを記入します。電話番号、FAX番号は必ず記入するようにしましょう。郵便番号、住所も記載しておくと安心です。

❺ 件名 ……………… FAXの内容がすぐにわかるように具体的で、手短な件名を記入します。

❻ 本文 ……………… FAXでは、時候の挨拶などは必要ありません。「いつも大変お世話になっております」など簡単な挨拶を書き、用件に入ります。用件は、必要な内容だけをシンプルにまとめるようにしましょう。

❼ 別記 ……………… 日時や場所、数量などは本文内ではなく別記に記してわかりやすくしましょう。また、別紙の書類についての内容や枚数を記入しましょう。

すごい
読みやすくて
内容が
わかりやすい

FAX 送信状

❷宛名

株式会社ニシムラ技工　営業部
鈴木花子様
（送信先 FAX:03-0000-0000）

❶日付

令和○年 11 月 5 日

❸送信枚数

送信枚数：2 枚（この用紙を含む）

❹発信者名

送信元
株式会社モトカワ
〒102- ○○○○　東京都千代田区平川町○丁目×番×号
TEL：03-3456- ○○○○　FAX：03-3456- ○○○○
担当：鳥居元輝

件名：打ち合わせの日程 **❺件名**

いつも大変お世話になっております。
　新商品のキャンペーンにつきまして、次回のお打ち合わせの日程が下記に決定いたしましたので、ご連絡いたします。
　ご多用のところ申し訳ございませんが、ご出席くださいますようお願い申し上げます。

❻本文

記

日時：令和○年 11 月○日　14：00 〜 15：00
場所：弊社第三会議室

❼別記

　当日の参考資料を 1 枚送付いたしますので、ご確認をお願い申し上げます。

以上

20 メールの基本

メールは手紙や会話に比べて、マナーが軽視されがちなのも事実です。
メールでのコミュニケーションの基本をおさえましょう。

▶ メールの基本的な構成要素

❶ 宛先 .... 送信先のメールアドレスを入力します。送信する頻度が高い相手は、ア
ドレス帳に登録しておくと、登録名が表示されます。

❷ CC .... カーボン・コピー（Carbon Copy）の略が CC です。受信者には、
自分以外の受信者のメールアドレスが表示されます（他に誰が受信した
かが、わかります）。会議を招集する通知などの社内連絡や、グループ
やプロジェクトチーム内で情報を共有したい場合に使います。

❸ BCC .... ブラインド・カーボン・コピー（Blind Carbon Copy）の略が BCC です。
受信者は、自分のメールアドレスしか表示されません（ほかに誰が受信した
のかは、わかりません）。案内メールや広報メールなど、面識のない人も含
めて一斉に送信するときに使います。

❹ 件名 .... 内容を簡潔にまとめたタイトルをつけましょう。

❺ 添付ファイル ...... ファイルを添付して送信する場合に、ファイル名がここに表示されます。

❻ 宛名 .... 送信先の会社名、部署名、氏名を明記します。

❼ 本文 .... 長い挨拶はできるだけ省略して、簡潔に用件を書きます、すでに面識があ
る相手の場合は「大変お世話になっております。」がよく使われます。1
行は 20 〜 25 文字程度で改行することが多く、受信者が読む際に一定
の目線で読める幅として最適です。段落ごとに 1 行空けると読みやすくなり
ます。

❽ 署名 .... メールの最後には必ず署名を入れます。送信元の会社名、部署名、肩書、
氏名、住所、電話番号、FAX 番号、メールアドレス、自社サイトの URL
などを入れます。署名のフォーマットをいくつか作成し、あらかじめ登録して
おくと便利です。

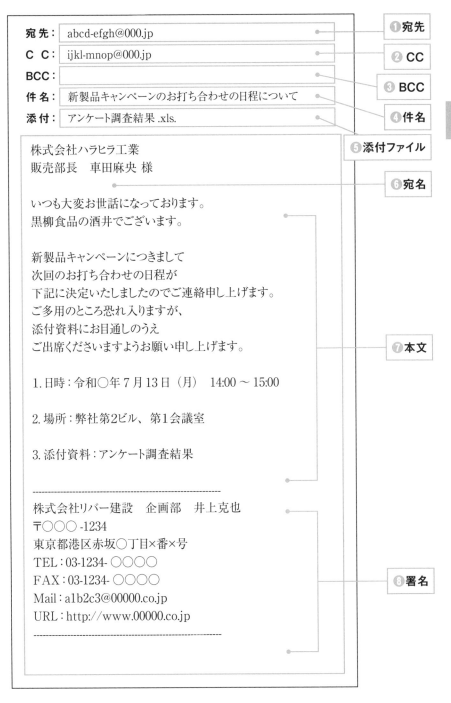

宛先： abcd-efgh@000.jp　　　　　　　　　　　　　❶宛先

ＣＣ： ijkl-mnop@000.jp　　　　　　　　　　　　　❷CC

BCC：　　　　　　　　　　　　　　　　　　　❸BCC

件名： 新製品キャンペーンのお打ち合わせの日程について　❹件名

添付： アンケート調査結果 .xls.　　　　　　　　　❺添付ファイル

株式会社ハラヒラ工業
販売部長　車田麻央 様　　　　　　　　　　　　❻宛名

いつも大変お世話になっております。
黒柳食品の酒井でございます。

新製品キャンペーンにつきまして
次回のお打ち合わせの日程が
下記に決定いたしましたのでご連絡申し上げます。
ご多用のところ恐れ入りますが、
添付資料にお目通しのうえ
ご出席くださいますようお願い申し上げます。　　　❼本文

1.日時：令和○年 7 月 13 日（月）　14:00 ～ 15:00

2.場所：弊社第 2 ビル、第 1 会議室

3.添付資料：アンケート調査結果

株式会社リバー建設　企画部　井上克也
〒○○○ -1234
東京都港区赤坂○丁目×番×号
TEL：03-1234- ○○○○
FAX：03-1234- ○○○○　　　　　　　　　　　❽署名
Mail：a1b2c3@00000.co.jp
URL：http://www.00000.co.jp

▶ メールを送るときに気をつけること

　アドレスがよく似た相手や、事前に登録している登録先のうち同じ姓の方などへ、間違えてメールを送ってしまうケースは少なくありません。他に漏らしてはならない情報などを別の送信先へ送るようなことがないよう、送信前に必ず確認するようにしましょう。また、件名を入力し忘れてしまうと、用件が伝わらない上、件名を書く手間を省いたと受け取られる恐れもあります。また、本文中に「書類を添付します」と書いたものの、肝心のファイルを添付し忘れることもよくあるミスです。かならず、送信前に確認するようにしましょう。

▶ 用件が具体的にわかる件名の書き方

　メールで相手に用件を伝えるために、確実にメールを見てもらう必要がありますが、件名はとても重要です。先方が毎日、たくさんのメールを受信しているとすると、ひと目見て「この用件のメールだ」と認識してもらえる件名をつけるようにこころがけましょう。

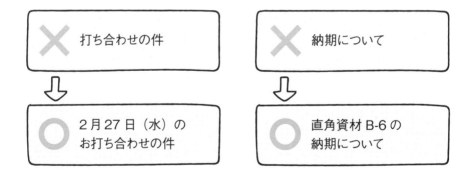

　など、「いつ」「何についての」「どのような用件であるか」、見ただけで見当がつくような件名をつけるように心がけましょう。

▶ 相手が読みやすいメールにするためのポイント

● 受け取った相手が、スクロールしなくても全文が読めるように、
メールはパソコンの1画面分の長さに収めるよう、心がけましょう。

● 内容によって、長文にせざるをえないケースは、
次の点を意識してメールを作成しましょう。

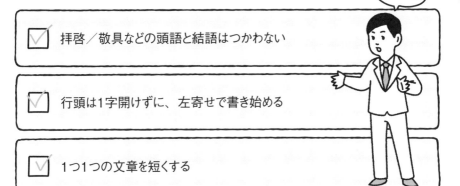

これ大事

☑ 拝啓／敬具などの頭語と結語はつかわない

☑ 行頭は1字開けずに、左寄せで書き始める

☑ 1つ1つの文章を短くする

☑ 1行は 20 ～ 25 文字以内で改行を入れ、1 つの段落の行数が
増えないように気をつける。段落ごとに 1 行空けると読みやすくなります

☑ 内容が数件ある場合は、1. 納期の件、2. ご請求書の件、などひと目
で内容がわかるようにします

● メール本文は「テキスト形式」で

メールには「HTML 形式」と「テキスト形式」があります。HTML 形式のメールは、本文中に画像を入れたり、色や字体を変えられたりと、表現能力の高さがメリットです。一方のテキスト形式は、文字通りテキストだけのシンプルなメールとなります。一見すると HTML 形式のほうがよさそうですが、HTML 形式は「受信側のメールソフトが対応していないと正しく表示されない」「ウイルスメールを受信した場合、開いただけで感染してしまう」といった欠点があります。ビジネスメールは内容を伝えることが最優先。視覚にこだわる必要性は薄いので、テキスト形式を使うほうが無難です。初期設定が HTML 形式になっているメールソフトもあるので、テキスト形式に切り替えて使用するとよいでしょう。ただし、会社が HTML 形式を使用するように指示を出している場合は、会社の指示に従います。

●「機種依存文字」を避ける

テキスト形式のメールであっても、使用する文字や記号の種類によっては、受信者側が読めなかったり、文字化けを起こしてしまったりすることがあります。このような文字を「機種依存文字」と呼びます。機種依存文字は、パソコン本体や OS が変わると、正しく表示されない危険が出てきます。以下に代表的な機種依存文字をまとめましたので、使わないように注意しましょう。

丸つきの数字	①　②　③　　など
かっこつきの数字	（1）（2）（3）　　など
ローマ数字	Ⅰ　Ⅱ　Ⅲ　　など
かっこつきの漢字	（株）（有）　　　など
単位記号	cm　kg　mg　　　など
その他	No.　TEL　〒　　など

● 重要度と緊急度が高いときは、電話でも連絡を

メールは相手に、どのタイミングで読まれるのかがわかりません。このため、特に重要度と緊急度が高い用件の場合、メール送信前にも電話をかけて、「これからメールを送信いたしますので、お手数ですがご確認をお願い申し上げます」と伝えておくといいでしょう。メールを送信したら 3 分後ぐらいに、再度電話をかけて、受信されたかを確認します。この送信前後に電話をする方法は、重要度と緊急度の高い FAX を送るときも同様です。

▶ 返信のマナー

● 返信はなるべく早く行いましょう

メールを受信したまま、リアクションを起こさないのは相手に対して失礼にあたります。受信したら、なるべく早く返信するように心がけましょう。受信した内容についてすぐに返信できない場合は、受信したことと、後であらためて返答することだけでも伝えるのがマナーです。「後ほどあらためてご連絡申し上げます。」の一文を添えるとよいでしょう。

● 件名の「Re:」の扱いに注意

メールソフトの設定にもよりますが、返信メールの件名には、元のメールの件名の頭に「Re:」がついたものとなります。このまま返信すると、手抜きの印象を与えかねません。どのメールへの返信かを明らかにするために、相手が書いた件名は削除せず、新たな件名を書き加えるといいでしょう。

> **件名：** Re：金曜日開催の件、承知いたしました＿＿［安田］来週の企
> 画会議の日程の件

また、同じ用件で何度もメールのやり取りを続けていると、件名にいくつも「Re:」が並ぶことがあります。メールソフトの仕様にもよりますが、返信するごとに自動的に「Re:」を書き加える場合もあるため、返信するごとに件名の欄を確認して、「Re:」を1つだけにするようにしましょう。

● 別件で連絡するときは、「Re:」を削除する

返信機能はアドレス帳から名前を探すことなく、すぐに返信をすることができて便利です。このため別の用件で連絡するときも、過去のメールへの返信機能を利用して送ろうとするケースもあると思われます。

ただし、返信メールの件名は、元のメールの件名の頭に「Re:」がついたものとなります。まったく別件のメールなのに、過去のメールへの返信として送られるのは、先方に失礼な行為となります。

過去のメールから返信機能を利用して、別件のメールを送る場合は、過去の件名及び「Re:」を削除して、新たな件名を書きましょう。もちろん、過去のメール本文の削除も忘れずに。

●「引用」は効率よく

返信メールでは、元のメールの文章の一部を引用するケースも少なくありません。使用するメールソフトやサービスの設定にもよりますが、「>」や「>>」で始まっている行が引用部分です。

引用は元のメールの内容を再確認しつつ、ポイントごとに返事を書くことができる大変便利な機能です。ただし、元のメールをすべて引用してしまうと、無駄に長くなり、かえって読みにくくなってしまいます。必要な箇所のみ引用するとよいでしょう。なお、引用では元の文章を一字一句変えないこともルールです。

▶ 添付書類のマナー

● 相手のネット環境にあわせる

Word で作成した長文の文書や、表、画像、音声などのデータなども、添付ファイルとしてメールで送信することができます。添付ファイルを送信する場合は、事前に相手のパソコンやスマートフォンの容量や機種、どのような拡張子が開けるかを確認しましょう。拡張子とは .docx、.xlsx、.pdf、.jpg など、文字で表されたファイルの種類です。特に初めて添付ファイルを送る相手の場合、相手のネット環境によっては、ファイルが開かない危険性もあります。こうなると二度手間、三度手間になるので、あらかじめ相手の環境を確認して、それに応じた送り方にしましょう。

● ファイルサイズはコンパクトに

添付ファイルを添えてメールを送る場合、ファイルの「容量」に注意します。 合計3メガを超えるようなファイルを送るときは、相手に対して送信前に連絡を入れ、どのようなスタイルで送信すればよいか、指示を仰ぎます。相手のネット環境によってはデータを圧縮したり、分割して送ったりするなど、ファイルサイズを小さくする配慮が必要となります。10メガ以上なら「大容量ファイル転送サービス」を使うと便利です。ただし、企業によってはセキュリティ上、転送サービスを受け付けない場合もありますので、事前の確認が大切となります。

●「セキュリティーチェック」も相手へのマナー

パソコンやスマートフォンがウイルスに感染してしまうと、保存していたデータが破壊されたり、プログラムが正常に機能しなくなったりします。それにより会社全体の業務が滞ってしまうこともあります。こうしたウイルスは、メールを介して入り込むケースも少なくありません。特に添付ファイルにウイルスが潜んでいて、受信先を感染させる危険性は無視できません。あなたが送ったファイルで、取引先が感染したら、大変なことになってしまいます。このような事態を避けるためにも、日頃から「ウイルス対策ソフトでチェックをする」「インターネット上から安易にプログラムなどをダウンロードしない」など、ウイルス対策をしておきましょう。「セキュリティーチェック」もビジネスマナーの一部です。

LINEなどSNS、ビジネスチャットなどのマナー

プライベートで連絡するためのツールだった LINE などの SNS サービス。
最近はビジネス用のビジネスチャットを導入する企業も増えてきました。
マナーを守ってコミュニケーションを取るための使い方をおさえましょう。

▶ LINEなどのSNS、ビジネスチャットの基本

　状況が変化するビジネスの現場では、スピーディーな報連相が大切です。そこで登場したのが「ビジネスチャット」。文章でのやり取りから気軽にコミュニケーションを取れること、そしてタスク管理やビデオ会議も可能なことから、多くの企業でビジネスコミュニケーションのツールとして導入されています。メールでは「確認するまでに時間が空いてしまう」「かしこまった雰囲気があるので気軽に連絡できない」という人でも、チャットという手軽さから使い慣れていく人も少なくないようです。

　ビジネスチャットを使用したり、ビジネス上で LINE などの SNS サービスを使用する場合、しっかりとルールを守って運用しないとトラブルに発展する可能性があり、特に個人アカウントを用いて、ビジネスで使用することはリスクを生じるため避けた方が良いとされています。

　これらをビジネスで使用する際には、プライベートで使用するとき以上に、マナーを意識して使用する必要があります。自社内はもちろんですが、やりとりのある取引先がビジネスにおけるSNS の使用に関して、どのような規定を設けているのかを確認し、それに従うことが大切です。

スピーディーに連絡を取れるので便利!

● 社内の人同士での使用

ビジネスチャットや SNS での連絡のやりとりでは、言葉づかいやスタンプの使い方に注意が必要です。

基本的には、目上の人に「OK」や「了解」などのひと言で返信をするのは失礼に当たります。「かしこまりました」がベストなのですが、「承知しました」でも構いません。

一方、上司や先輩が部下、後輩に対してスタンプを利用するのは、コミュニケーションとしては効果的です。上司や先輩からのスタンプひとつで、部下後輩の気持ちが和んだり、癒されたり、モチベーションのアップにつながることもビジネスマナーとしては必要なコミュニケーションとなります。

上司や先輩からのスタンプに、部下後輩たちもスタンプで返信することも、上司、先輩がそれを良しとする場合は、問題ないでしょう。ただし、それを不快に思う上司や先輩には行わないのがマナーとなります。そこで大切なことは、メンバー同士で、事前に確認をし、一定のルールを決めておくことです。

● 取引先やお客様との間での使用

まず、取引先やお客様との間での使用の前提としては、ビジネスで個人のアカウントを使用しての SNS アプリの使用を自ら提案するのは避けましょう。LINE などの SNS サービスは一般的にメールよりもラフ、カジュアルな印象があるので、それを使用しての連絡を勧めると相手によっては失礼と感じる人もいます。また、これらのサービスの使用を提案されても、自社で個人アカウントでの使用を禁止している場合もあるので、社内で確認を取ることも必須です。

▶ SNS、ビジネスチャットで避けるべきこと

● メッセージの文量が長過ぎる

LINE など SNS、ビジネスチャットでは、長い文章は読みづらいため、複雑な内容のやりとりには向いていません。状況を丁寧に説明するなど、短いメッセージで伝えられない場合は、メールで伝える方が親切です。

特に、その後、相手とのやりとりが必要なのであれば、相手からの返答も長くなる可能性が高いので、メールで用件を送ったあとに、SNS やビジネスチャットで「○○○○についてメールしたので、確認をお願いします」などと、ひと言伝えておくとよいでしょう。

> ○○○○について
> メールしたので、
> 確認をお願いします

● 直前のキャンセルや遅刻などの連絡、謝罪

直前でのキャンセルを SNS、ビジネスチャットで済ませようとするのは、絶対に避けましょう。仲のよい友人なら許してもらえそうですが、相手が仕事の関係者であれば、LINE などでの簡素な謝罪は考えものです。常識はずれな人とみなされるので、SNS やビジネスチャットからの連絡だけでなく、電話や直接会ってできちんと理由を説明して謝罪しましょう。

● スタンプでの謝罪

ビジネスの場でこちらに非があって謝罪をする必要がある場合、スタンプで謝罪をすることはふさわしくありません。直接相手に会って、謝罪するようにしましょう。

● 休日や深夜のメッセージ

仮に土日や真夜中にメッセージを送ろうとする場合でも、LINE など SNS やビジネスチャットではなくメールで送信し、翌朝相手に見てもらえるようにする……といった相手への配慮は必要です。これらのツールはいつでも気軽にやり取りできる性質上、相手の時間を奪ってしまいかねないので、たとえば「勤務時間外はメールで連絡する」「LINE とメールは勤務時間中にのみ確認して返信する」など、職場内のコミュニケーションのルールづくりをしておくとよいでしょう。

第**4**章

社外文書（業務文書）の基本

22 社外文書（業務文書）の基礎知識

社外文書（業務文書）は、社外の方へ正確な情報を伝え、
相手に行動を起こしてもらうための重要な書類です。
顧客や取引先を常に意識した、マナーのある文書を作成しましょう。

▶ 社外文書（業務文書）のポイント

　書類や荷物を送ったことを伝える「通知状」や、正確に用件を伝える必要がある「注文状」、トラブルが発生した後の「詫び状」など、社外の相手とやりとりする文書が社外文書（業務文書）です。自社を代表して社外へ発信する文書でもあるので、相手が気持ちよく受け取ってくれる文書の作成を心がけましょう。

● 情報を正確に相手に伝える

日時、会場、金額、発注数など、自社で決定した内容を相手に伝えることが社外文書の目的となります。数値を含め内容に間違いがあると、仕事が円滑に進まなくなるため、正しく伝わるように作成しましょう。

● 相手に何をしてもらいたいかを明記する

ビジネスのやりとりの中で、先方に何か行動を起こしてもらう必要があるときにも、「依頼状」「申込状」「照会状」などで伝えます。依頼する内容を正確に伝え、相手にどのようにしてもらいたいか明記します。

● 相手への敬意、マナーを忘れずに

社外の取引先やお客様などとやりとりする文書には、相手への敬意とマナーが求められます。こちらからの文書を受け取って、相手が気持ちよく動いてくれなければ、その後の仕事はスムーズに進みません。正しい敬語をつかって、フォーマットに則ったわかりやすい文章の書き方を心得えましょう。

▶ 社外文書（業務関係）の基本

❶文書番号、送信日時

❷宛名

第 111-2234 号
令和○年 11 月 25 日

株式会社早川実業
営業部　二瓶光法 様

株式会社スズキ電気工業
営業部　有坂 拓巳　印

❸発信者名

❹件名

新製品のお取引条件について

❺前文

拝啓　初霜の候、貴社ますますご盛栄のこととお慶び申し上げます。平素は格別のご愛顧を賜り、心より御礼申し上げます。

❻主文

　さて、このたびは、弊社新製品についてお取引条件を照会くださり、誠にありがとうございます。
　さっそくながら、下記の通りご回答申し上げます。
　ご検討のほど、よろしくお願い申し上げます。

❼末文

まずは、取り急ぎご回答まで。

敬具

❽別記

記
1. 価格　　　　　同封の価格表をご参照ください
2. 支払い方法　　現金および約束手形
3. 支払い期日　　20 日締め 15 日決済。約束手形の場合 90 日決済
4. 送料その他　　原則として弊社負担
5. 保証金　　　　2 年間の契約期間で 250 万円（税別）をお願いしております
　　　　　　　　　期間更新の場合は、その都度ご相談に応じます

同封書類　価格表 1 通

以上

❶ 文書番号、送信日時

文書を効率的に管理するために番号を入れます。文書番号の下に発信日を記入します。

❷ 宛名

文書の受取人の会社名、部署名、役職、氏名、敬称の順に記します。（株）○△□などと会社名を省略せず、株式会社○△□と正式名称で記しましょう。

❸ 発信者名

文書の発信者の会社名、部署名、役職、氏名の順に入れます。必要に応じて、郵便番号・所在地・電話番号・FAX 番号を加えたり、押印する場合もあります。

❹ 件名

文書の内容がひと目でわかるように、具体的な件名を記します。

❺ 前文

「拝啓」「拝復」など頭語から書き出します。次に時候の挨拶、先方の繁栄を祝う慶賀の言葉を入れ、日頃の感謝の気持ちを示します。

❻ 主文

前文の文末を改行し、「さて」「ところで」などの言葉を主文の最初に入れ、文書の本題（用件）を記します。

❼ 末文

主文の文末を改行して、「まずは」「取り急ぎ」などの言葉を末文の最初に入れ、「お知らせまで」「ご案内まで」「お願いまで申し上げます」といった挨拶で文を終えます。

❽ 別記

主文の要点を整理したり、箇条書きで伝えられる内容、さらには担当者名などを別途記します。中央に「記」と書いてから要点を書き出します。最後に右寄せで「以上」と書いて、締めくくります。

23 通知状

通知状の基本とマナー

令和◯年6月8日

株式会社石綿印刷
笹川大地 様

株式会社カタギリ
営業部　佐藤千夏

資料送付のご案内

拝啓　長雨の候、貴社におかれましては、ますますご盛栄のことと
お慶び申し上げます。平素は格段のご懇情を賜り、厚く御礼申し上げます。
　さて、6月1日付の貴信にてご依頼をいただきました、『屋外用モニター・
スタイル55-610』製品カタログを1部、明日着の速達郵便にて発送いた
しました。よろしくご査収のほどお願い申し上げます。
　なお、資料送付に関し、ご不明な点、ご質問などございましたら、弊社
営業部までご遠慮なくお問い合わせくださいますようお願い申し上げま
す。

敬具

記

1. 『屋外用モニター・スタイル55-610』製品カタログ1部

以上

頭語、時候の挨拶など前文を添える。

発送した日時、発送したものなど具体的に記す。

このような時に送る	書類送付、価格改定、納品、送金、社屋移転、営業日変更、休業日などを通知する時。
目的	文書で伝えることで記録に残します。相手に連絡事項を正確に伝え、業務を円滑に進めるため。
基本とマナー	先方の業務が円滑に行えるように、なるべく早く発送しましょう。伝えたい情報を整理し、正確にわかりやすく記す（期日＝When、目的＝What、理由＝Why、場所＝Where、相手＝Who、方法＝How、値段＝How much、数量＝How many の「5W3H」をおさえて伝えましょう。

社屋移転の通知

令和○年 6 月 19 日

取引先各位

株式会社小田切システム

代表取締役　宇佐美喜一

社屋移転のお知らせ

拝啓　向夏の候、貴社ますますご盛栄のこととお慶び申し上げます。

　平素は格段のご愛顧を賜り、厚く御礼申し上げます。

　さて、このたび弊社は業務拡張に伴い、8 月 1 日に本社社屋を下記の通り移転することとなりました。移転に伴い、電話番号と FAX 番号が下記の通り変更となります。誠にお手数ですが、お手元の名簿などをご変更していただきたくお願い申し上げます。

　なお 7 月 31 日までは、旧住所で通常通り営業いたしております。

　移転を機に社員一同、心機一転、より一層業務に励み、ご奉仕申し上げる所存でございます。

　今後とも変わらぬお引き立てを賜りますようお願い申し上げます。

　まずは略儀ながら、書中をもちましてご挨拶申し上げます。

敬具

記

移転日　令和○年 8 月 1 日

新住所　〒330-○○○○

　　　　埼玉県さいたま市浦和区仲町○丁目×番×号

　　　　電話番号　　048-○○○-○○○○

　　　　FAX 番号　　048-○○○-○○○○

以上

書き換え表現

- 従業員増加で
  手狭となりましたので
- ○○社との
  合併に伴いまして

いつから新社屋へ移転するか、別記に記すとよりわかりやすくなる。

旧社屋でいつまで営業しているかを明記する。

電話、FAX 番号の変更で、手間をかけることへの気遣いを忘れずに。

令和○年 12 月 5 日

株式会社山尾燃料
宮澤俊哉 様

〒 110-0006
東京都台東区秋葉原○丁目×番×号
電話：03- ○○○○ - ○○○○
FAX：03- ○○○○ - ○○○○
株式会社石井ロジスティクス
営業部　渡邉勇人

商品発送のお知らせ

拝啓　時下ますますご健勝のこととお慶び申し上げます。
　平素は弊社商品をご愛顧いただき、誠にありがとうございます。
　さて、12月4日（月）にお電話にてご注文いただきました、下記商品および請求書を、本日、宅配便ワールドエクスプレスにて発送いたしました。
　まずは取り急ぎ、商品発送のご案内を申し上げます。

敬具

記

1. A4 判クリアファイル
　　（無色透明・貴社ロゴマーク入り×200 枚）5 セット
2. B4 判サイズ　コピー用紙　1000 枚
3. B5 判サイズ　コピー用紙　2500 枚

以上

書き換え表現
- 「商品発送のご案内」
- 「商品発送のご通知」

書き換え表現
- 以上、書面にて商品発送のお知らせまで。
- 以上、出荷の通知を申し上げます。

いつ、どのような方法で発送したか明記する。後でトラブルが発生したときにも役に立ちます。

注文を受けた日を明記しておくと、商品を特定するのにも便利。

送金の通知

令和○年 4 月 25 日

寺内桃代 様

〒 260-0852
千葉県千葉市中央区青葉町○丁目×番×号
TEL：043- ○○○ - ○○○○
FAX：043- ○○○ - ○○○○
株式会社サカタ物産
企画部　立木恵子

ご送金のお知らせ

拝啓　時下ますますご健勝のこととお慶び申し上げます。

平素は弊社商品をご愛顧いただきまして厚く御礼申し上げます。

さて、4 月 7 日（火）にご連絡いただきました、弊社の『卓上計算機 A-5』の返品につき、4 月 10 日（金）に弊社への到着を確認いたしました。下記の通り、4 月 25 日（金）、御社の指定口座へ代金を振り込ませていただきましたので、ご案内申し上げます。

今後ともお客様のニーズに応えた製品を製作するよう尽力してまいります。どうぞ今後とも弊社製品をご愛顧賜りますようお願い申し上げます。

敬具

記

お振込先　　　オレンジ虹色銀行 ○○○支店 貴口座
お振込金額　　25,000 円
お振込日　　　4 月 24 日（金）

以上

書き換え表現
● 「送金のご通知」
● 「振込のご案内」

書き換え表現
● 下記の通り、ご指定の「オレンジ虹色銀行○○○支店 貴」口座へ 25,000 円のお振り込みを完了いたしましたので、ご案内申し上げます

個人情報保護の観点からも、口座情報はすべて記さない。

令和○年 11 月 4 日

ヤマシタ株式会社
営業部　渋井智子 様

株式会社サイトウ商事
井上 賢

請求書送付のお知らせ

拝啓　時下ますますご隆盛の段お慶び申し上げます。
　日頃より格別のお引き立てを賜り、深く感謝申し上げます。
　早速でございますが、11 月 2 日（月）付にて貴社営業部へ納入いたしました
クリアファイルにつきまして、同封別紙の通り、ご請求させていただきたく存じます。
請求書をご査収のうえ、お手数ではございますが、12 月 1 日（火）まで（ご契
約に基づく）に下記口座までお振込くださいますようお願い申し上げます。
　なお、ご不明な点がございましたら、弊社、経理部 高根沢までお問い合わ
せください。
　まずは請求書送付のお知らせまで。

敬具

記

振込先　　　　　○○ホワイト銀行
普通　　　　　　00000000
口座名義　　　　株式会社サイトウ商事

以上

請求書送付は事務的な通知ですが、前文を省略しないで事項の挨拶から丁寧に書き出します。

振込期日を念のため、改めて通知します。

書き換え表現
● 弊社担当営業、または、経理部高根沢までご連絡ください。

令和○年 9 月 18 日

株式会社浜田技研
福本太三 様

株式会社高見鉱石
鈴木妙子

お見積書送付のご案内

拝啓　時下ますますご清栄のこととお慶び申し上げます。
　平素は格別のご芳情にあずかり、厚く御礼申し上げます。
　過日はご多用中、貴重な中お時間を頂戴し、誠にありがとうございました。
　この度は、弊社にお見積りのご請求をいただき、誠にありがとうございます。
さっそくお見積書を送付いたします。
　なお、ご不明な点などがございましたら、遠慮なくお申し付けください。
　ご検討のうえ、ご連絡をお待ち申し上げます。
　まずは取り急ぎご案内申し上げます。

敬具

仕事の発注者である先方に、お礼の言葉を述べることで、いい印象を与えられます。

書き換え表現
● それでは、前向きなご回答を心よりお待ちしております。

価格改定の通知

令和○年 12 月 5 日

株式会社ミスミ食品
飯島節夫 様

株式会社コモリ牛乳
小川信夫

価格改定のお知らせ

拝啓　寒冷の候、ますますご健勝のこととお慶び申し上げます。

　日頃はひとかたならぬご厚誼を賜りまして、厚く御礼申し上げます。

　さて、この度は誠に勝手ながら、弊社納入のパック牛乳に関する価格変更のお願いをさせていただきたく存じます。

　ご承知の通り、長引く不況と原材料の輸入価格高騰のため、弊社の企業努力だけではいかんともし難く、従来の価格維持が困難な状況となりました。

　つきましては誠に不本意ながら、来る令和○年 1 月 5 日（水）より、別紙の通り価格を改定させていただきたく、皆様にご協力をお願いする次第でございます。新価格は令和○年 1 月 1 日よりの実施となります。

　誠に心苦しい限りではございますが、余儀ない事情をなにとぞお汲み取りいただき、今後も変わらぬご高配を賜りますよう、謹んでお願い申し上げます。

敬具

記

同封書類　新価格表　　1 通

以上

実質は値上げの通知であっても、直接「値上げ」という表現は件名には使わないようにします。

値上げする事情を簡潔に説明します。価格維持のために努力したことも伝え、理解を求めるようにします。

できるだけ丁寧な表現で、今後の取引継続をお願いします。

令和○年 5 月 10 日

株式会社オオミチ
鷲田いづみ 様

ドイショー株式会社
風間麗美

支払日変更のお知らせ

拝啓　時下ますますご隆盛のこととお慶び申し上げます。

平素は格別のお引き立てにあずかり、誠にありがとうございます。

さて、本日は弊社の支払日変更の件でご連絡申し上げます。

ご承知のように、昨今の金融市場の先行き不透明が、我が業界にも影響を及ぼし、弊社でも経理事務処理体制の改善を余儀なくされております。

つきましては、事務処理の効率化のため、ご請求締切日とお支払い日を下記の通り変更させていただきたく存じます。

お取引先様には、ご迷惑をおかけし心苦しく存じますが、なにとぞ事情ご賢察のうえ、ご理解を賜りますようご懇願申し上げます。

敬具

記

1. 実施日　　　　令和○年 7 月 1 日分から
2. 請求書締切日　毎月 15 日
3. 支払日　　　　毎月 28 日

　　（いずれも、土・日に当たる場合は、翌営業日）

以上

支払日変更に至った経緯、事情を伝え、理解していただけるように求めます。

変更する「請求書締切日」「支払日」など重要な連絡事項は、別記でわかりやすく伝えるようにします。

一方的な通知という印象を与えないよう、相手に不便をかけることをお詫びして協力をお願いします。

令和○年 12 月 1 日

小俣大路 様

株式会社熊谷ホールディングス

鈴木 仁

採用内定のご通知

拝啓　貴殿におかれましては、ますますご健勝のこととお慶び申し上げます。この度は、弊社の社員募集にご応募いただき、誠にありがとうございました。

　さて、厳正な審査の結果、小俣大路様は、令和○年度採用社員として、内定いたしました。

　つきましては、同封の必要書類にご記入、ご署名、ご捺印のうえ、令和○年 12 月 25 日までに返信用封筒にてご返送くださいますようお願い申し上げます。

　まずは取り急ぎ、採用内定のご通知まで。

敬具

採用内定、不採用にかかわらず、応募に対するお礼を伝えます。

選考の結果を明確に伝えます。

第**4**章

社外文書（業務文書）の基本

令和○年 12 月 1 日

小俣大路 様

株式会社熊谷ホールディングス

鈴木 仁

採用試験の選考結果の通知

拝啓　貴殿におかれましては、ますますご健勝のこととお慶び申し上げます。この度は、弊社の社員募集にご応募いただき、ありがとうございました。

　さて、慎重な選考の結果、誠に残念ではございますが、この度は採用を見送らせていただくこととなりました。ご希望に添えず申し訳ございませんが、あしからずご了承ください。

　なお、履歴書などご提出いただきました書類は、郵送にてご返却いたします。小俣様の今後のご活躍を心よりお祈り申し上げます。

　略儀ながら、書中にてご通知申し上げます。

敬具

件名を「不採用の通知」とせず、「選考結果の通知」とします。

書き換え表現
● 弊社採用試験にご足労くださり

結果については、明確に伝えます。

令和○年3月5日

取引先各位

株式会社マキノ物産
駒　智之

休業日変更のお知らせ

拝啓　春分の候、貴社におかれましては、ますますご隆昌のことと、お慶び申し上げます。日頃は格別のお引き立てを賜り厚く御礼申し上げます。

　さて、この度、弊社の休業日変更にあたりまして、ご連絡申しあげます。

　弊社では、これまで毎週木曜日を定休日としてまいりましたが、下記の通り、来月4月1日より火曜日へと変更させていただくこととなりました。

　皆様にはご迷惑をおかけすることもあろうかとと存じますが、ご理解ご了承くださいますよう、お願い申し上げます。

　まずは休業日変更のお知らせまで。

敬具

記

1. 休業日変更の内容
　　これまでの毎週木曜日　→　毎週火曜日
2. 変更実施日
　　令和○年4月1日（月）より
3. 本件に関するお問い合わせ
　　総務本部　総務課　TEL：03-○○○○-○○○○

以上

変更する内容は明確に伝えます。

自社の都合で、関係者に迷惑がかかることをお詫びします。

本文で伝えた変更内容ですが、『別記』として記載すると先方も参照しやすいので、記しましょう。

令和◯年6月1日

取引先各位

株式会社野田オイル
川村岳士

夏期休業日のお知らせ

拝啓　向夏の候、貴社におかれましてはますますご盛栄のこととお慶び申し上げます。平素のご懇情、深く感謝申し上げます。

　さて、弊社では下記のとおり工場の『一時操業停止』に伴い、その期間を夏期休業として一斉にお休みをとらせていただくこととなりました。

　なお、誠に勝手ながら、休業前の出荷は、8月6日注文書受付分で締め切らせていただきます。以降の受付分は、休業明けの8月18日（火）より順次出荷させていただきます。

　お取引先の皆様には、何かとご不便をおかけいたしますが、なにとぞご理解賜りますようお願い申し上げます。

敬具

記

夏期休業期間 ：令和◯年8月11日（火）から
　　　　　　　　8月17日（月）までの7日間
　　　　　　　　※8月18日（火）より平常通り営業いたします。

休業前の出荷可能締め切り日：8月7日弊社到着分の注文書まで

以上

休業日の詳細は別記として、確認しやすいようにします。

書き換え表現
● 誠に勝手ではございますが、休業前の出荷をご希望のお客様は、8月6日までに注文書をご送付くださいますようお願い申し上げます。

本文で伝えた変更内容ですが、『別記』として記載すると先方も参照しやすいので、記しましょう。

案内状の基本とマナー

令和○年5月10日

増森衣料株式会社
紳士服ご担当　重松隆二 様

ショウマ株式会社
営業部　吉村凛子

展示会開催のご案内

拝啓　新緑の候、貴社におかれましてはますますご盛栄のこととお慶び申し上げます。日頃より格段のご高配を賜り、厚く御礼申し上げます。

　さて、この度、弊社では、本年度、秋冬の新作コレクションを中心とした展示会を、下記の通り開催することとなりました。

　本年度の秋冬のトレンドがわかる構成になっておりますので、皆様の販売計画の一助となるものと自負しております。

　つきましては、ご多用の中誠に恐縮ではございますが、ぜひこの機会にご来場いただき、ご高覧いただきたくお願い申し上げます。

敬具

記

日時：令和○年5月30日（木）　13：00 ～ 17：30
会場：ミドル東京センター　第5ホール
　　　東京都港区港南○丁目×番×号
　　　電話：03- ○○○○ - ○○○○

以上

案内する相手へ敬意をあらわした前文から書き始めます。

案内の主旨を明確に伝えます。

書き換え表現
● 万障お繰り合わせのうえ、ご来場くださいますようお願いいたします。

このような時に送る　新製品の発表会や展示会、行事、キャンペーン、会社説明会や株主総会など、催しごとを告知する時。

目的　催しごとの詳細を相手に伝えて興味を持ってもらい、参加を促すため。

基本とマナー　開催間際に送付することは避けましょう（余裕をもって、3週間前には先方に到着するように）。
日時、場所は正確に記載します。場所がわかりにくい場合は、会場への地図を添付するようにするとよいでしょう。

新製品発表会の案内

令和〇年 9 月 19 日

取引先各位

株式会社絹田工業
代表取締役　徳嶺玲一

新製品発表会のご案内

　拝啓　清涼の候、貴社ますますご盛栄のこととお慶び申し上げます。
　日頃より、弊社製品の販売につきましてご尽力いただき厚く御礼申し上げます。
　さて、弊社では、かねてより「B.B.CARE」のハイクラス版の開発を進めておりましたが、このたび晴れて製品化に成功いたしました。従来型と比較して、性能は大幅に向上し、皆様方のご期待に沿える製品になったと自負しております。
　つきましては、皆様にお披露目したく、下記の通り「B.B.CARE マックス」新製品発表会を開催したいと存じます。ご多忙のところ恐れ入りますが、なにとぞご来臨をいただけますようお願い申し上げます。

敬具

記

　日時　：　令和〇年 10 月 25 日（水）　午前 11 時から午後 5 時まで
　会場　：　新横浜商工ホール2階

以上

書き換え表現
● 平素は格別のお引き立てを賜り、

日時、場所（会場）は、わかりやすく別記とします。

キャンペーンの案内

令和〇年 10 月 1 日

株式会社ナカノ販売
岡田祐一　様

田崎パン株式会社
上杉秀也

ウインターキャンペーンのお知らせ

　拝啓　仲秋の候、貴社ますますご隆盛のこととお慶び申し上げます。
　日頃より格別のご愛顧を賜り、誠にありがとうございます。
　さて、弊社では恒例のウインターキャンペーンを 11 月 1 日（木）〜 9 日（金）の日程で行います。今回は新商品「ロイヤルパンプキンパン」を 20 〜 40 代の女性に知っていただくことが目的です。昨年の発売以来、当初の想定を超え売れ行きも好調でより一層のヒットがのぞまれ、例年より規模を大きくしたキャンペーンを展開する所存です。
　貴社におかれましても、ぜひこのキャンペーンにご参加くださいますようお願い申し上げます。なお、詳しいキャンペーンの内容につきましては、添付の資料をご覧ください。なにとぞよろしくお願い申し上げます。

敬具

キャンペーンの目的をわかりやすく記します。

詳細は別紙で伝え、案内状の本文は簡潔にまとめます。

令和○年4月25日

株主各位

株式会社森谷商店
代表取締役社長　八木大河

第21期定期株主総会のご案内

拝啓　仲春の候、ますますご清祥のこととお慶び申し上げます。

　平素は格段のご支援ご厚情を賜り、深く感謝いたします。

　さて、当社第21期定期株主総会を下記の通り開催いたします。ご多忙中恐縮ではございますが、なにとぞご出席くださいますようご案内申し上げます。

　なお、総会決議承認可決には、会社法の規定により、発行済株主の3分の1にあたる株式を有する方々のご出席が必要となります。当日欠席される場合は、別紙の参考書類をご検討いただき、委任状に本議案の賛否をご記入、ご捺印のうえ、5月20日までにご投函くださいますようお願い申し上げます。

敬具

記

1. 日時　：令和○年5月31日（火）　13:00より
2. 会場　：東京・丸の内ヤマダ会館3階
　　　　　　（地図は別紙をご参照ください）
3. 議案　：第21期営業利益報告書、
　　　　　　貸借対照表及び損益計算書承認の件
　　　　　　任期満了に伴う取締役3名選任の件

以上

件名に何期の定期株主総会であるのかを明記します。

会社法の規定に基づいて、議決に必要な事項を明記します。

都合で出席することができない株主へ配慮します。委任状の返送方法をわかりやすく記します。

令和○年1月6日

取引先各位

株式会社 CNE ブルー同発

大島元就

新年会のご案内

謹啓　新春の候、皆様ますますご清祥のこととお慶び申し上げます。

　日頃より格別のお引き立てを賜り、深く感謝申し上げます。

　さて、本年の盛業を皆様とともに祈念すべく、新年会を下記の要領で行いますので、ご案内申し上げます。

　お取引先様すべてのご発展を願いながら、相互の親睦をはかり、友好を深める会にしたいと思います。ご多用中とは存じますが、お誘い合わせのうえ、ご出席賜りますよう、お願い申し上げます。

敬具

記

1. 日時　：令和○年1月24日（水）　18:00 から
2. 会場　：横浜ローヤルホテル　5階ホールB
3. 参加費：1社2名様まで　1万円

　なお会場については、同封の案内図をご覧ください。

　勝手ながら出欠のご連絡は、同封のはがきを1月16日（月）までに投函していただきたくお願い申し上げます。

以上

気軽に参加できる新年会であると、会の趣旨を伝える。

人数、参加費などは、確認しやすいように別記とする。

書き換え表現

● お繰り合わせのうえ

依頼状

依頼状の基本とマナー

令和○年3月5日

お客様各位

株式会社エンペリア研究所
上条昂生

アンケートご協力のお願い

拝啓　早春の候、貴社いよいよご清祥のこととお慶び申し上げます。

日頃より格別のご愛顧を賜り、深謝いたします。

さて、このたび弊社ではご好評をいただいておりますセキュリティサービスの新製品開発のために、広く皆様のお声をお聞きしたいと考え、アンケートを実施する運びとなりました。

つきましては、お手数ですが、同封のアンケート用紙の回答欄にご記入のうえ、3月31日（木）までにご返送願いたく存じます。

なお、回答いただきました内容は、弊社製品開発の参考資料以外には使用いたしません。個人情報の保護には万全を期することをお約束いたします。

なにとぞご協力のほど、よろしくお願い申し上げます。

敬具

依頼する理由、背景を伝えます。

書き換え表現

● ご多忙中恐縮ですが、同封のアンケート用紙に率直なご意見、ご要望をお書きくださいますようお願い申し上げます。

個人情報の取扱いに、十分に配慮することを伝えます。

このような時に送る	書類送付、アンケート調査への協力、見積書の作成、取引先の照会など、業務に関する依頼をする時。
目的	依頼する内容と理由を伝えて、こちらの要望に沿って先方に動いてもらうため。
基本とマナー	依頼内容（「何を」「いつまでに」「どうしたいのか」）を正しく伝えます。尊敬や信頼の気持ちを明らかにして、丁寧な姿勢で依頼しましょう。また、時間的な余裕をもって送付するようにしましょう。

令和○年4月18日

株式会社下川ウェブサービス
福田太佑 様

〒110-0006　東京都台東区秋葉原○丁目×番×号
電話：03- ○○○○ - ○○○○
FAX：03- ○○○○ - ○○○○
株式会社マルヤマ
高井拓哉

資料ご送付のお願い

拝啓　桜花の候、御社ますますご盛栄のこととお慶び申し上げます。

平素は格別のご芳情にあずかり、厚く御礼申し上げます。

さて、このたび弊社では新規顧客開拓を計画しており、その一環としまして弊社ウェブサイトの一新を検討しております。

つきましては、貴社製品「グリーンαシステム」に関する資料をお送りいただきたくご依頼申し上げます。

ご多用中のところお手数ですが、よろしくお取り計らいのほどお願い申し上げます。

まずは、取り急ぎ資料送付のご依頼まで。

敬具

送付する先方が住所をすぐに確認しやすいように明記しておきます。

資料を送っていただきたい理由、背景を伝えます。

書き換え表現
● お願い申し上げる次第です。

令和○年 9 月 20 日

株式会社日比野物産
飯田哲夫 様

〒 260-0852
千葉県千葉市中央区青葉町○丁目×番×号
電話：043- ○○○ - ○○○○
FAX：043- ○○○ - ○○○○
株式会社ヨシカワ商事
小山信三

高速プリンターα 213-4 見積書ご送付のお願い

拝啓　秋涼の候、ますますご健勝のこととお慶び申し上げます。

　さて、貴社取扱いの高速プリンターα 213-4 に関し、下記条件についてお見積りいただき、10 月 1 日までにご回送くださいますようお願い申し上げます。

　なお、ご不明な点があります場合は、下記当方担当者までご一報くださいますようお願い申し上げます。

　まずは取り急ぎ、書中をもってお願いまで。

敬具

記

1. 品名　　　：高速プリンターα 213-4
2. 数量　　　：5 台
3. 納入期日　：11 月 30 日（木）
4. 納入場所　：浜松営業所総務部　（別紙地図・資料参照）
5. 支払条件　：翌月末銀行振り込み
6. 運送方法　：貴社ご指定

以上

具体的に見積り
を依頼する商品
名を件名に入れ
て、わかりやすい
ようにしましょう。

条件は別記と
して提示し、
具体的にわか
りやすく記入し
ます。

書き換え表現

● 下記の条件で価格をご提示
いただければ幸いに存じます。

令和○年 11 月 6 日

株式会社福田ビジョン
横田裕太 様

株式会社安西商事
和田泰治

取引先ご紹介のお願い

拝啓　暮秋の候、貴社におかれましては、ますますご隆盛のことと、お慶び申し上げます。日頃より格別のお引き立てにあずかり、誠にありがとうございます。

　さて、過日ご懇談の折にお話がありました、株式会社データ通信の菊池照英様を、ぜひ弊社にお引き合わせくださいますよう、あらためてお願い申し上げます。

　おかげさまをもちまして、弊社で昨年暮れに発売した空気清浄機「R-55」は発売 1 年を経過して、月平均 2 万台以上を売り上げるまでになりました。今後は、医療分野への進出も念頭にあり、その方面でお取引先を探していただきたいところです。厚かましいお願いですが、ひと言お口添えいただき、ご紹介いただけましたら幸いです。

　もちろんご紹介賜りましたら、御社にご迷惑をおかけしないことを堅くお約束いたします。

　甚だ勝手なお願いで恐縮ですが、なにとぞお時間をいただき詳細を説明させていただきたく存じます。近々、弊社の営業担当を連れてお伺いしたいと思いますので、その際にご教示いただければ幸甚でございます。

　どうかご高配のほど、よろしくお願い申し上げます。

敬具

第 **4** 章

社外文書（業務文書）の基本

誰を紹介してもらいたいか、はっきり伝わるように記します。

紹介してほしい理由を具体的に示すのが礼儀となります。

紹介してくれる相手に迷惑をかけないことを伝えます。

交渉状の基本とマナー

令和○年 2 月 19 日

株式会社ナカジマ工業
生産本部　本部長
渋谷元一 様

ヤザキ貿易株式会社
営業部　磯辺　楓

新価格ご検討のお願い

拝啓　立春の候、貴社ますますご盛栄のこととお慶び申し上げます。
　日頃は格別のご愛顧を賜り、誠にありがとうございます。
　さて、このたびは「ロイヤルストーン」の価格改定につきまして、お願いがあり、ご連絡差し上げました。昨年夏より世界的な需給状況の悪化にともない、弊社におきましても全生産工程の合理化、人員の再配置など手を尽くしてまいりましたが、ついに卸価格の値上げをお願いする以外にないとの結論に達しました。
　つきましては大変恐縮ですが、来る 4 月納入分より、同封別紙の通り価格を変更させていただきたく、ご相談申し上げます。
　なにとぞ諸事情をご賢察のうえ、価格改定をお許しくださるよう、伏してお願い申し上げます。

敬具

交渉をお願いする原因を明記して、自助努力で価格改定せざるを得ない状況を伝えます。

書き換え表現
● 諸般の事情をご勘案のうえ、ご意向を賜りたく、ご回報をお願い申し上げます。

このような時に送る	新規取引、納期の延期や繰上げ、価格改定、融資依頼、支払条件変更などについて交渉する時。
目的	こちらの要求をわかりやすく伝え、先方に納得してもらい、互いに納得のいく結論にたどりつくため。
基本とマナー	なぜ交渉するのか目的をはっきり伝えて、相手の理解を促します。相手の意向もくむ姿勢で、丁寧な表現を心がけます。

新規取引の交渉

令和○年3月1日

株式会社タカダ通信
宇佐見穂高 様

株式会社有本テック
鈴木大輔

新規お取引についてのお願い

拝啓　早春のみぎり、貴社ますますご清祥のこととお慶び申し上げます。

　さて、このたび突然のことにて誠に恐縮でございますが、弊社と新規にお取引願いたく、本状を差し上げました。

　弊社は来年創業15周年を迎える通信機器リース会社でございます。大阪を拠点に7営業所を構え、中小企業向けサービスに特化してリース事業を展開いたしております。

　先日、弊社の取引先である海山銀行から、貴社についてこの業界不振の中で様々の工夫をし、業績を上げておられる企業だと伺い、ぜひ貴社にご相談させていただきたく存じます。

　弊社の会社案内および取引条件資料を同封いたしました。ご高覧のうえ、新規お取引に関してご検討いただければ幸甚に存じます。

　略儀ながら書中をもってお願い申し上げます。

敬具

記

同封書類：会社案内　　　1通
　　　　　取引条件資料　1通

以上

まず、自社の業態などについて紹介するところから入ります。

先方をどのような経緯で知り、どのような良い印象を持っているか、丁寧に説明します。

必要な情報は別記にして、詳しく伝えます。

令和○年7月22日

株式会社ホシカワ
本部長　伊坂拓郎 様

株式会社タクミコーポレーション
金城数馬

納期延伸についてのお願い

拝啓　盛夏の候、貴社ますますご隆盛の段お慶び申し上げます。日頃は格別のご愛顧を賜り、深く感謝いたします。

さて、7月5日付、伝票番号1212番にてご発注いただきました六角フラットシート2000枚ですが、原産国の天候不順により航空運輸に大幅な遅れが生じております。そのため弊社への着荷が遅れ、明後日午前中になるとの連絡が本日入りました。

ご迷惑をおかけして誠に申し訳ございませんが、事情お汲み取りの上、納期を来たる7月24日まで延伸していただきたく、切にお願い申し上げる次第です。

まずは取り急ぎお願いまで。

敬具

> 遅延している理由を説明します。

> 納期をいつまで伸ばしてほしいか、誠意をもって具体的に伝えます。

令和○年11月5日

株式会社イガタ興業
前田遼一 様

株式会社久保田サービス
岩佐淳二

お支払い延期ついてのお願い

拝啓　晩秋の候、貴社ますますご盛栄のこととお慶び申し上げます。日頃は格別のお引き立てをいただき、誠にありがとう存じます。

さて、10月末の貴社へのお支払い分が遅延しております件、誠に遺憾に存じ上げ、心よりお詫び申し上げます。

実は、弊社取引先の経営不振により入金が大幅に遅れ、資金繰りに苦慮しております。ただ、今月末には別件での入金の予定がございますので、誠に恐縮ですが、10月末支払い分に関して1ヵ月のご猶予を賜りたく本状にてお願い申し上げる次第です。

貴社には大変ご迷惑をおかけいたしますが、なにとぞご承諾いただきたくお願い申し上げます。

敬具

> 支払いが遅延する理由を正しく伝えます。

> 今後の予定を、確定している範囲で先方に伝えます。

令和○年1月20日

株式会社クロヤナギ技工
伊藤佑介 様

株式会社テヅカ機器
高城明訓

受注品変更ご検討のお願い

拝啓　厳寒の候、貴社ますますご清栄のこととお慶び申し上げます。平素は格別のお引き立てをいただき、深謝申し上げます。

　さて、このたびはご注文を賜わり誠にありがとうございました。

　しかしながら誠に恐縮ですが、「エアーフィルター HT7443116」は、おかげ様で大変好評で、すでに在庫品切れとなっております。メーカーに問い合わせたところ、再入荷に1ヵ月を要するとのことでした。

　つきましては、同製品の改良タイプである「エアーフィルター HTSS7442000」がございますが、こちらは即日納品が可能です。「エアーフィルター HTSS7442000」は「エアーフィルター HT7443116」に比べても、機能的に劣らずしかも価格に割安感があります。カタログを同封いたしますので、ご検討くださいますようお願い申し上げます。

敬具

書き換え表現
● 誠に遺憾に存じますが

代替品のどのようなポイントがメリットであるのか、勧める理由を明記します。

注文品を届けることができない理由を伝えます。

第**4**章 社外文書（業務文書）の基本

申込状

申込状の基本とマナー

令和○年1月7日

株式会社サカイ展示サービス
事業本部　太田光也 様

株式会社ファミリー飛翔
営業部　床田浩二

全日本ドローン展示会の申し込みについて

拝啓　初春の候、ますますご盛栄のこととお慶び申し上げます。

　さて、貴社が主催される「第3回全日本ドローン展示会」が、今春、大阪海浜ホールで開催される由、貴社ニュースリリースにて拝読いたしました。

　つきましては、弊社も同展示会への出展参加をお許しいただきたく、本状を差し上げました。

　弊社の新製品「ファミリー mini ドローン2」は、すでに各方面から大きな反響をいただいており、一般公開にあたっていささか自信を抱いております。その他、出展希望の品目につきまして、弊社のカタログを同封いたします。どうぞ前向きにご検討くださいますよう、よろしくお願い申し上げます。

　まずは書中をもちまして、展示会参加のご依頼を申し上げます。

敬具

件名に具体的な展示会名を入れて、何の申し込みかすぐにわかるようにします。

書き換え表現

なにとぞご高配賜りまして、展示会参加についてご回答くださいますよう、お願い申し上げます。

このような時に送る	新規取引、新規出店、新規加入、見積り参加、団体加入などを申し込む時。
目的	こちらの要求・目的を伝えて、先方の承認を得るため。先方の信頼を得るために、文書では第一印象をよくすることが大切です。
基本とマナー	理由を具体的に伝えるとともに謙虚な姿勢で申し込み、内容に対する熱意をアピールします。

令和○年 11 月 5 日

株式会社清水商事
浅井隆太 様

株式会社石田ケミカル
福島龍之介

新規お取引のお願い

拝啓　初霜の候、貴社ますますご清栄のこととお慶び申し上げます。

　さて、当方は平成元年より業務用食器洗剤を主に扱っております株式会社石田ケミカルの福島龍之介と申します。

　はなはだ突然ではございますが、株式会社伊藤研究所の山内健人様よりご紹介を受け、弊社との新規お取引を賜りたくお手紙を差し上げた次第です。

　弊社では、かねてから北海道での販路を拡大すべく、お取引先を探しておりましたところ、山内様から貴社のご推薦をいただきました。つきましては弊社取扱品に関する資料を同封いたしますので、ご高覧のうえ、ご検討いただけましたら幸甚に存じます。

　あらためまして近日中にお伺いし、ご挨拶させていただければと存じますので、浅井様のご都合のほどお教え願えればと存じます。

　まずは書面にて、お願い申し上げます。

敬具

書き換え表現

● さて、いきなり不躾ですがございますが

取引を申し込むに至った経緯を先方に伝えます。

初めて書状を差し上げる非礼についてお詫びし、紹介者について先方に伝えます。

工場見学の申込

令和○年 1 月 10 日

株式会社大川金属
重田幹也 様

友川マテリアル株式会社
野田智子

御社工場見学のお願い

拝啓　時下ますますご隆盛のこととお慶び申し上げます。日頃より格別のご愛顧を賜り、厚く御礼申し上げます。

　さて、御社広島工場は最新設備を導入され、業界でも大変注目を集めてらっしゃいます。そこで、同じ金属を扱う弊社としましては、ぜひ見学をさせていただきたく、ご連絡を差し上げました。

　御社のご都合よろしい日時をご指定くだされば、弊社工場長近藤と私野田の 2 名でお伺いしたいと考えております。

　お忙しいところ恐縮ですが、お返事を 1 月末までにいただけましたら幸いです。

　略儀ながら書面をもちましてお願い申し上げます。

敬具

> 見学を申し込む具体的な理由を伝えます。

> いつまでに返事をいただきたいか明記しておくことで、トラブルを防ぐことができます。

団体新規加入の申込

令和○年 4 月 25 日

クラウドエンジニアリング協会
総務部　上杉吉郎 様

株式会社柿原サービス
岡崎竜一

貴会加入の申し込みについて

拝啓　貴社ますますご清栄のこととお慶び申し上げます。

　さて、弊社では貴会に加入いたしたく、竹林グループ株式会社の佐々木光男専務のご推薦状を添えて、本状および入会申込書をお送り申し上げます。よろしくご高配のほどお願い申し上げます。

　弊社は仙台を拠点に、中小企業向けの IT コンサルティングを営んでおります。本年で創業 10 年とまだ日は浅くございますが、セキュリティ分野において広範な技術指導を多数手がけてまいりました。

　IT サービスの先端的な事例を集積するという貴会の設立趣旨には、深く共感するものがございます。なにとぞよろしくご審議の上、新規加入のご高承を賜りますようお願い申し上げます。

　まずは書中にてお願い申し上げます。

敬具

> 自社の業績などについては、簡潔にアピールします。

> 入会を希望する理由について、説明を添えます。

発表会への出品の申込

令和◯年 7 月 26 日

一般社団法人建設ソフト協会
運営部　森川志保　様

株式会社東方建設
広報部　大久保恭一

「新宿国際フォーラム」における
新製品総合発表会への出品申し込みについて

拝啓　時下ますますご繁栄のこととお慶び申し上げます。

　さて、突然にて恐縮でございますが、貴協会におかれましては「新宿国際フォーラム」にて建設業界関係者向け新製品総合発表会を開催されるとの記事を、ウェブサイトにて拝見いたしました。つきましては弊社商品をぜひ出品させていただきたく、お申し込みする次第です。

　弊社は平成 20 年の創業依頼、構造計算ソフトの開発販売を手がけ、関西を中心に 40 社以上の企業様にご愛顧いただいております。このほど、構造強度計算を幅広く網羅した「構造耐久アルファ」というソフトを、令和◯年 10 月 1 日に発売する予定でございます。

　弊社の事業内容などを同封いたしましたので、ご高覧ご高配のほどよろしくお願い申し上げます。後日あらためてこちらからお電話させていただきます。

　まずは取り急ぎ書面にてお願い申し上げます。

敬具

突然書状を出す非礼をまずお詫びしてから、本題に入ります。

先に文書で申し込んで、その後から電話をする場合は、ひと言添えておきます。

こちらの意思や要望を明記します。

第 **4** 章

社外文書（業務文書）の基本

28 承諾状

▶ 承諾状の基本とマナー

令和○年 7 月 15 日

株式会社スズキ商事
森川明秀 様

株式会社佐野サービス
田春信夫

注文品の納期延期について

拝復　盛夏の候、貴社におかれましてはご隆盛のこととお慶び申し上げます。日頃は格別のご愛顧を賜り、誠にありがとうございます。

　さて、7 月○日付貴信拝見いたしました。ご注文させていただきましたクールマット 1000 枚が納期延期となるとのご連絡でございましたが、貴工場の機械不良ということであればやむを得ず、今回に限り了承いたします。

　しかしながら、これ以上の遅れは弊社といたしましても大事な商機を逃すことにつながります故、貴信にてご提示の納入日 7 月 22 日は必ずお守りくださいますようお願い申し上げます。

　取り急ぎ、納期遅延の承諾まで。

敬具

> 納期の遅れに感情的にならず、了承はするけれども以後、気をつけてほしい気持ちをあらわします。

> これ以上の遅れは受け入れられないという意思を示し、次回からの納期厳守を約束してもらいます。

このような時に送る　新規取引、価格改定、納期延期、支払い方法変更などに対して承諾する時。

目的　了解した旨を明確に伝えます。どこまで承諾するか、はっきりと伝えましょう。

基本とマナー　受け入れる点と、譲歩する点を明確にします。先方の申込に対する回答なので頭語は「拝復」を使います。決して横柄な態度にはならず、快く承諾し、今後の関係を良好に保つようにしましょう。

令和◯年 12 月 3 日

株式会社ミズタニ
根岸理子 様

株式会社東海林照明
小嶋敏弘

お取引価格変更の件

拝復　時下ますますご清栄のこととお慶び申し上げます。平素は過分のご厚情を賜り、厚く御礼申し上げます。

　さて、12 月 1 日付のご書状にてお申し越しのありました「丸型蛍光灯 G-55」の卸価格の改定についてお返事申し上げます。

　ご提示いただいた資料をまじえ慎重に協議しました結果、現状ではやむなしとの結論で、基本的にお受けすることに決定いたしました。昨今の需要不振の商況もあり、弊社にとりましても厳しい内容でございますが、御社も同様に困難に直面しているものと拝察いたします。

　つきましては、従来の支払い期日など一部お取引条件の見直しも含め、近日中に担当の廣川がお伺いして委細お打ち合わせしたく存じます。

　まずは承諾の通知まで。

敬具

先方の書状に対する回答であるので、頭語は「拝復」を使います。

当社としても慎重に検討したうえでの結論であることを伝えます。

結論はできるだけ簡潔に記します。

令和○年 4 月 20 日

株式会社河合端子
佐野綾子 様

株式会社シマックス
打田和美

新規お取引ご承諾について

拝復　清明の候、貴社におかれましてはますますご隆盛のこととお慶び申し上げます。

　さて、このたびは 4 月 19 日付貴信にて新規取引のお申し込みを賜り、厚く御礼申し上げます。

　さっそく弊社内で協議いたしました結果、お受けさせていただくことになりました。謹んでご通知申し上げます。どうか末永くお付き合いのほど、よろしくお願い申し上げます。つきましては、一度お目にかかって取引条件などの詳細をお打ち合わせいたしたく存じますので、よろしくお願い申し上げます。

　まずは書中をもってお礼かたがたご回答申し上げます。

敬具

先方からの取引の申し込みについてまず丁寧にお礼を伝えます。

書き換え表現
● 今後の末永いお取引のため、弊社でも最善を尽くす所存でありますので、なにぶんにもよろしくお願い申し上げます。

令和○年 10 月 6 日

株式会社小村建機
二宮真里 様

株式会社高橋リース
谷川平子

決済方法のご変更について

拝復　秋冷の候、貴社におかれましては、ますますご清栄のこととお慶び申し上げます。日頃より格別のお引き立てにあずかり、誠にありがとうございます。

　さて、先般ご相談のありました約束手形での支払いの件ですが、貴社におかれましては、弊社とのお取引が 20 年経過し、その間一度たりともお支払いに滞りがございませんでしたので、手形決済の条件は整っているものと判断させていただきます。

　つきましてはご依頼の通り、手形でのお支払いをご承諾し、ここにご通知を差し上げます。

　しかしながら、弊社の事情で恐縮ですが、手形決済の実施は、令和○年 1 月 1 日からということでご了承いただきたく存じます。なにとぞご高察のほどお願い申し上げます。

　まずは、ご相談の件のご返事まで。

敬具

書き換え表現
● 決済方法の変更は問題ないとの結論に達しました。

今回の承諾について条件がある場合は、明記します。

令和○年 11 月 18 日

株式会社岡安クリーンシステム
太田讓一 様

株式会社横地商事
辻本康子

支払い期日延期の件について

拝復　時下いよいよご隆昌の由お慶び申し上げます。
　さて、11 月 17 日付の貴信を拝受いたしました。さっそく弊社経理本部とともに協議しました結果、長年にわたる貴社との浅からぬお付き合いに配慮し、このたびのことはご報恩の機会と考え、ご希望の支払日までお待ち申し上げる次第でございます。
　なお、弊社といたしましても資金繰りの関係上、支払い日変更の実施期限につきましては、令和□年 3 月分からとさせていただきたく、お願い申し上げます。
　まずは書面にて承諾のご連絡まで。

敬具

書き換え表現
● 承諾申し上げることにいたしました。

こちらから要求する点については、承諾の回答とは別に明記します。

第**4**章
社外文書（業務文書）の基本

令和○年 12 月 16 日

株式会社ヨシオカ興業
伊藤健一郎 様

株式会社キムラ商事
安島佐和子

「エブリ・ウォールねじ」再お見積りの件
（承諾ご通知）

拝復　貴社ますますご清栄のこととお慶び申し上げます。
　さて、標題の件につきまして、12 月 13 日付貴信を拝見いたしました。さっそくのご対応ありがとうございました。社内にて慎重に協議いたしました結果、ご提示いただいた再お見積りの価格にてお取引開始をお願い申し上げます。どうか末永くご愛顧のほどよろしくお願い申し上げます。
　つきましては、添付の注文書をご確認のうえ、納期までに弊社名古屋オフィスまでご納入くださいますよう、お願い申し上げます。
　取り急ぎ再お見積りの承諾と注文まで。

敬具

書き換え表現
● 格別のおはからいを賜り、深く感謝いたします。

承諾した見積書をもとに注文をする場合は、その旨を伝えます。

113

29

断り状

断り状の基本とマナー

令和○年 9 月 29 日

株式会社カトウ商店
営業本部　古城孝 様

株式会社トクナガ木工
中野信夫

「ビーチ材ハンガー」お見積りの件（ご回答）

拝復　貴社ますますご盛栄のこととお慶び申し上げます。このたびは弊社商品「ロータスハンガー」のお見積りをご依頼いただき、誠にありがとうございます。

　さっそく社内にて検討いたしましたが、誠に遺憾ながらお見積りを辞退させていただきたく存じます。今回のような大量お取引のお話は弊社としましても願ってもない光栄でございますが、何分にも生産量の少ない商品ということもあり、ご希望の数量を長期にわたり継続して納入することは極めて困難でございます。

　せっかくのお引き合いにお応えできず、誠に申し訳ございませんが、またの機会のご愛顧を切にお願い申し上げます。

　まずはお詫びかたがた辞退のお返事まで。

敬具

何についての見積りの辞退なのか、件名に記します。

先方の依頼に対する回答なので拝復を使います。

申し出に対しての感謝の気持ち伝えると丁寧な印象になります。

こちらの事情で申し出に対応できない理由を明確に伝えます。

このような時に送る	見積り、資金融資、値引き、値上げ、注文など、先方の要望に応じることができないことを伝える時。
目的	先方の要望について、相手の感情を損なわないように受けいれられない意思を伝えて、今後の取引の継続をお願いするため。
基本とマナー	できるだけ早く返答をするようにします。また、相手からの申し出に対する返信なので、頭語は「拝復」を使います。断わる内容は曖昧にしないで、正確に伝えるようにしましょう。

令和○年 12 月 1 日

株式会社タクボ物産
井伊大輔 様

株式会社茅ヶ崎サービス
田中朋美

お取引条件変更について（ご回答）

拝復　師走の候、貴社ますますご盛栄のこととお慶び申し上げます。平素は
ひとかたならぬご愛顧を賜り、厚く御礼申し上げます。

　さて、11 月 20 日付貴信にて、取引条件変更のお申し入れの件拝受いたし
ました。日頃格別のご支援を頂戴している貴社のご依頼にお応えすべく、重
役会で前向きに討議いたしました。

　しかし来年令和□年 1 月分のお支払いより現金取引への切換えをご希望と
のこと、誠に恐縮ですが、貴意に添いかねる状況でございます。弊社といた
しましては、おかげさまで売上高は伸びておりますが、以前売掛での取引も
多く、そのためにお支払方法の即時切り替えは困難と言わざるを得ません。

　つきましては、今回のお申し出に対し、いましばらくのご猶予をいただきたい
と存じます。何卒ご了承のほど、よろしくお願い申し上げます。

　まずはお返事かたがたお願いまで。

敬具

相手の要望に
対して全力を尽
くしたことをきち
んと伝えます。

断定的に断るのでは
なく、このように婉曲的
な表現で丁寧に伝える
と心証もよくなります。

書き換え表現

● すぐにお支払い
方法を切り替えで
きかねる状況でご
ざいます。

令和○年4月12日

米澤リテール株式会社
小杉祐太 様

株式会社川野金融サービス
島村十和子

融資ご依頼の件（ご回答）

拝復　清明の候、貴社ますますご隆盛のこととお慶び申し上げます。日頃は格別のご厚志を賜り、誠にありがとうございます。

さて、4月11付の貴信の融資ご依頼の件、確かに拝読いたしました。

日頃から格別のご厚誼を賜っている貴社のお申し越しゆえ、なんとかお力添えできないかと種々協議いたしましたが、弊社も資金繰りに難渋している状況にございます。折悪しく新プロジェクトの成果もまだ出ておらず、誠に心苦しい限りでございますが、今回はなにとぞ融資をご辞退させていただきたく存じます。

ほかよりのご融資の途が開かれますよう、心よりお祈り申し上げております。

まずは取り急ぎ、お詫びかたがた申し上げます。

敬具

可能ならば力になりたいという意思を伝えます。

ただ断わるだけではなく、先方にとって良い印象となるように伝えます。

令和○年6月15日

株式会社カドクラテック
関本松子 様

株式会社カネナリ
香川隆盛

価格改定のお申し入れについて（ご回答）

拝復　梅雨の候、貴社ますますご盛栄のこととお慶び申し上げます。平素は格別のお引き立てをいただき、厚く御礼申し上げます。

さて、6月13日付貴信にてご依頼の価格改定のお申し入れの件につきまして、ご返答させていただきます。日頃より格別のご尽力を頂戴おります貴社のご依頼とあって、営業会議にて検討させていただきました。その結果、誠に遺憾ながら、今回は貴意を得お断りする以外にないとの結論に達しました。

貴社の現況はいかんともし難いものと拝察いたしますが、弊社といたしましてはもこの時期の仕入れ値上げは大変厳しく、何卒事情をご賢察のうえ、ご容赦くださいますようお願い申し上げます。

まずは取り急ぎ書中をもってお詫びかたがたお返事まで、

敬具

「不本意」「遺憾」「残念」など、クッション言葉を述べたうえで断ります。

先方の事情を汲みつつも、断りの返事を丁寧に伝えます。

支払い期日延期の申し入れへの断り

令和○年7月20日

株式会社黒川油脂
竹本浩一郎 様

株式会社武藤産業
小林大成

お支払期日変更依頼の件について

拝復　大暑の候、貴社ますますご清栄の由お慶び申し上げます。日頃は格別のお引き立てをいただき、厚く御礼申し上げます。

　7月18日付貴信、拝受いたしました。

　さて、弊社に対する9月分からのお支払期日につき、毎月15日分の猶予をご希望とのことですが、誠に遺憾ながら貴意に添いかねるところでございます。

　弊社といたしましても、この不況下、月々の資金繰りに苦慮しておりますゆえ、貴社のご苦衷は十分にお察し申し上げますが、お支払い期日の猶予についてはご容赦賜りたく存じます。

　何卒諸事情をお汲み取りいただき、当初のご契約に準じてお支払くださりますよう、重ねてお願いいたします。

　取り急ぎ、お願いかたがたご返事まで。

敬具

「延期」の要望ですが、こちらからの断り状では「変更」など婉曲的に伝えます。

先方の申し入れ内容を繰り返して確認します。

契約通りに支払ってもらうことを明確に伝えます。

書き換え表現
● お察しするに余りありますが

117

30

詫び状

詫び状の基本とマナー

令和○年2月17日

株式会社オバタ商会
総務部　岩原隆三 様

株式会社グリーン技工
営業部　坂口大二

商品誤送についてのお詫び

拝復　時下ますますご盛栄のこととお慶び申し上げます。平素は格別の
ご高配を賜り、厚く御礼申し上げます。
　さて、2月15日付の貴信拝受いたしました。お届けいたしました商品
がご注文の『デスクマットa』と異なるとのご指摘でしたが、弊社の伝票
記載ミスで誤った商品『デスクシートa2』を発送してしまったことが判明
いたしました。誠に申し訳ございません。多大なご迷惑をおかけしました
ことを深くお詫び申し上げます。
　直ちにご注文どおりの商品を至急便でお送りしましたので、よろしくご
査収ください。
　なお、誤送品に関しましては、誠に恐縮ですが、至急便に同封の着
払い伝票にてご返送くださいますようお願い申し上げます。今後はこのよ
うな手違いの二度となきよう、発送時のチェックを一層厳重にしてまいりま
すので、何卒ご海容のほど重ねてお願い申し上げます。
　まずは取り急ぎ書中をもってお詫び申し上げます。

敬具

誤って送った理由を調べて、原因を突き止めたことを報告します。

言い訳をせず、誠意を示して謝ります。

誤って届いた商品の返送方法など、詳細を明記します。

このような時に送る	こちらが起こしてしまった事故、納品間違い、請求書の誤記、支払い延期、不良品、不祥事などを詫びる時。
目的	率直のお詫びして、まず相手の怒りを鎮めることが大切です。誠意を示して信頼関係を修復しましょう。
基本とマナー	責任の所在を明らかにして、率直に、迅速に謝ります。詫びた後に、原因や背景、理由について具体的に述べます。また、同じ過ちを繰り返さない姿勢を示しましょう。

不良品混入のお詫び

令和○年 11 月 5 日

株式会社フルヤ販売
梶原作真 様

株式会社谷口商事
渡邉修二

不良品混入のお詫び

拝復　初霜の候、貴社ますますご清栄のこととお慶び申し上げます。平素より
ひとかたならぬご厚情を賜り、厚くお礼申し上げます。

　さて、11 月 4 日に納入いたしました弊社製品「男性用ジャンプ傘 120」につ
きまして、商品の一部に欠陥が見つかったとのご連絡を頂戴しました。早速、
弊社社員が貴社に参上し検品しましたところ、ご指摘のとおり一部不良品が混
入したまま出荷してしまったことが判明いたしました。誠にお恥ずかしい事態で
申し訳ございません。

　不良品は回収し、直ちに正常品とお取替えするよう手配いたしました。貴社
には大変なご迷惑をおかけいたしましたこと、謹んでお詫び申し上げます。

　今後はこのような不手際のないよう、細心の注意を払って努力してまいる所
存ですので、何卒変わらぬご愛顧を賜りますよう切にお願い申し上げます。

　まずは取り急ぎ書中をもってお詫びとご報告を申し上げます。

敬具

詫び状とすぐに
わかるよう、件
名に明記しま
す。

対応して問題
解決に当たっ
たことを伝え、
お詫びの言葉
を述べます。

同じ過ちを繰
り返さないよう
誓って、今後の
変わらぬ愛顧
をお願いします。

接客クレームのお詫び

令和○年 2 月 6 日

三島希英 様

リラックスホテル姫路
宮田紀子

客室係に対するご指摘の件（お詫び）

拝啓　三島様におかれましてはますますご健勝のこととお慶び申し上げます。
平素より当ホテルをご愛顧賜り、心よりお礼申し上げます。

　さて、このたびは三島様に対する当ホテル客室係の対応に不備がありました
こと、深くお詫び申し上げます。気配りを欠いた対応でご期待にお応えできなかっ
たばかりか、ご不快な思いを与えましたこと、誠に遺憾の極みでございます。

　今回のご指摘をもとに、二度とこのようなことがないよう現場責任者として指
導の徹底を図ってまいる所存でございます。　何卒ご容赦賜りますとともに、今
後とも変わらぬお引き立てのほど切にお願い申し上げます。

　まずは略儀ながら書中にてお詫び申し上げる次第でございます。

敬具

件名には「ク
レーム」とは記
さず、お客様か
らの「ご指摘
の件」と書きま
す。

具体的な対応
策を述べて、
お客様にさら
にご愛顧いた
だけるように伝
えます。

請求金額間違いのお詫び

ご請求金額についてのお詫び

　拝復　時下ますますご隆盛のこととお喜び申し上げます。平素は格別のご高配を賜り、厚く御礼申し上げます。

　さて、このたびは12月分のご請求金額につきまして、誤った額をご請求いたしましたこと、心よりお詫び申し上げます。

　ご指摘を受けましてさっそく会計帳簿を調べましたところ、確かに弊社の問違いでございました。今後はこのようなことが二度と起こらぬよう万全を期してまいりますので、このたびの件は、どうかご容赦くださいますようお願い申し上げます。

　なお、訂正いたしました請求書を同封させていただきます。

　取り急ぎ書中をもちましてお詫びを申し上げます。

敬具

何について詫びているか、明確に伝えます。

同じ過ちを繰り返さない心構えを伝えます。

支払い延期のお詫び

支払い延期のお詫び

　拝啓　初夏の候、貴社ますますご繁栄のこととお慶び申し上げます。平素は格別のご愛顧を賜り、誠にありがとうございます。

　さて、6月12日付貴信にて4月31日締めご請求に対するご催促をいただき、誠に申し訳ございません。

　至急経理部に確認しましたところ、御社の担当者の伝票処理ミスによるものと判明いたしました。さっそく、本日6月13日付にて、ご指定の口座にお振込みをいたしましたので、ご確認のほどよろしくお願い申し上げます。

　今後は二度とこのような手違いがないよう、厳重に注意してまいります。今回の件はなにとぞご海容くださいますようお願い申し上げます。

　まずは取り急ぎ書面にてお願い申し上げます。

敬具

催促されたことを、まず率直にお詫びします。

催促を受けて対応し、その結果を報告します。

今後の取り組みについて伝えることで誠意を示します。

令和○年 10 月 6 日

株式会社ハシモト運輸
営業部　早坂元太 様

三浦テクニクス株式会社
野崎千代

弊社従業員に対するご指摘の件

拝啓　秋冷の候、貴社ますますご盛栄の段、慶賀の至りに存じます。日頃は格別のご愛顧を賜り、厚く御礼申し上げます。

　さて、9月30日に弊社社員の竹野内が貴社にうかがいました際、早坂様に大変ご無礼な態度を取り、ご迷惑をおかけしたと知りまして、誠に遺憾の極みに存じます。監督者としての責任を痛感いたすとともに、早坂様には心よりお詫び申し上げます。

　竹野内に対しましては、厳重に注意、処分いたしますので、このたびのことはなにとぞご容赦賜りますようお願い申し上げます。

　今後はこのような不始末のないよう、社員教育をいっそう徹底してまいる所存でございますので、どうか変わらぬお引き立てのほど、切にお願い申し上げます。

　取り急ぎ書中をもちましてお詫び申し上げます。

敬具

責任者として謝罪していることを伝えます。

先方も納得するように、不始末に対する処分を説明します。

善後策を伝えることで先方との関係改善のお願いをします。

令和○年6月24日

関係各位

三井田ペイント株式会社
林田理子

北九州工場における爆発事故について
（お詫び）

謹啓　向夏の候、貴社ますますご清栄のこととお慶び申し上げます。

　さて、6月21日に発生しました当社北九州工場の爆発事故に際しましては、ご近所の方々はもとより、関係者の皆様方に多大なご迷惑とご心配をおかけし、ここに深くお詫び申し上げる次第でございます。

　爆発の原因は配電盤からの過電流と見られ、即刻全工場の電気系統の点検および火災防止の措置を行っているところでございます。

　当社工場では平素から安全には最大限注意を払ってまいりましたが、設備管理の不徹底からこのような不手際を招きましたことは、ひとえに弊社の気のゆるみによるものと猛省しております。

　北九州工場の被害は一部天井の損傷のみであり、ただいま最終的な復旧作業を行っております。点検作業も含めまして、7月1日には通常通りの操業を再開できる見通しでございます。

　以後二度とこのような事故が起こることのないよう安全管理の徹底に努めてまいる所存です。どうぞ変わらぬご支援のほど、よろしくお願い申し上げます。

　まずは取り急ぎ書中をもちましてお詫び申し上げます。

謹言

関係する皆様に対して、事故を起こしたことをお詫びします。

被害状況、復旧の見通しについて説明します。

書き換え表現
● 倍旧のご愛顧のほど、よろしくお願い申し上げます。

令和○年 12 月 1 日

株式会社古橋商事
松崎益三 様

野崎運動機器株式会社
黒羽英之

納期延期のお詫び

　拝啓　時下ますますご清栄のこととお慶び申し上げます。日頃よりひとかたならぬご愛顧を賜り、心より御礼申し上げます。

　さて、11 月 20 日付でご注文賜りました「三体ボード」250 枚の納期に遅れが生じましたこと、誠に申し訳ございません。

　当初納期に間に合わせるよう順調に作業を進めてまいりましたが、11 月 10 日に弊社浜松工場で発生いたしました火災の影響で、ご指定の期日までの納品ができない結果となりました。弊社の納期管理の不備から多大なご迷惑をおかけしたことを、お詫び申し上げます。

　現在、工場では 12 月 25 日必着を厳守すべく、休日を返上して最大限の稼働力で生産に努めております。いましばらくのご猶予をお願いいたします。

　今後は万全のリスク管理態勢を整備して生産にあたる所存でございます。どうか変わらぬお引き立てを賜りますようお願い申し上げます。

　書面にて失礼かとは存じますが、取り急ぎお詫び申し上げます。

敬具

こちらの落ち度であることを認めて、率直に詫びます。

書き換え表現
● 不測の事態とはいえ、貴社に大変なご迷惑をおかけしますこと、衷心よりお詫び申し上げます。

納品できる期日を伝え、納期を厳守する姿勢を示します。

31 抗議状

▶ 抗議状の基本とマナー

令和○年 5 月 15 日

株式会社阿島販売
営業本部長　伊賀崎明子 様

株式会社秋元トレーディング
営業部　曽我聖子

契約解除について

前略　用件のみ取り急ぎ申し上げます。

　令和○年 1 月 22 日付スマートフォン・ゲームアプリ開発について、貴社より、契約解除の連絡をいただき、突然のお申し出に困惑している次第です。

　ご承知の通り、スマートフォン・ゲームアプリ開発は、貴社からの申し出によるものであり、貴社商品開発担当者とともに、商品化へ向けた最終打ち合わせを行っていたところでございます。

　これらを考慮しますと、弊社としては取消を承諾することはできかねます。

　いずれ契約解除にともなう損害については、貴社との契約どおり賠償いただきたいと存じますが、今後のお取引のためにも、本件に関する貴社の最終的なご意向を書面にて再度お知らせいただきたく、強く要請申し上げます。

草々

> 抗議状に前文は必要ありません。「前略」から書き始めます。

> 相手からの申し出で進んでいた話であるため、「契約を解除できない」ことを協調します。

> あらためて、こちらの意思を明らかにします。

このような時に送る　納期延期、支払い遅延、契約不履行、類似商品、著作権侵害などビジネス状のトラブルが発生して抗議する時。

目的　自分の正当性を理解してもらい、トラブルの解決を図るため。

基本とマナー　根拠を示して状況を具体的に説明し、トラブルの原因を理解させます。「どのように対応してほしいか」、要求をはっきりと伝えます。感情的な文書とならないよう、冷静な文面でこちらの損失を訴えます。

無断掲載への抗議

無断転載について

前略　用件のみ取り急ぎ申し上げます。

　さて、このたび当社発行の社内報『ワールドウイングス』令和〇年2月号 35 ページ掲載の阿蘇山旅行記の写真が、貴社ウェブサイト（http://www.xxxxx.com）に無断転載されていることを確認いたしました。これは著作権法に抵触する行為であります。

　つきましては、違法掲載の即刻中止を求めますとともに、掲載に至った経緯の詳細ご説明を賜りたく、折り返し5月15日までにご回答いただきますようお願い申し上げます。

草々

媒体の正式な名称を記入します。

無断掲載は違法であることを明確に伝えます。

再発防止のために、経緯の説明を求めるとよいでしょう。

第**4**章

社外文書〈業務文書〉の基本

類似品への抗議

令和〇年6月15日

株式会社寺田ランド
山本敬子 様

株式会社つつや健器
阿部賢太郎

貴社製品「ミントラケット2」について

拝啓　時下ますますご盛栄のこととお喜び申し上げます。

　さて、このたび貴社が発売されました商品「ミントラケット2」についてご通知申し上げます。

　「ミントラケット2」は弊社が平成17年9月から販売しております「クールミントWラケット」と、名称、形状、ロゴデザインが酷似しており、同一商品との誤解を与えかねず、大変困惑しております。

　弊社の売上げにもすでに影響が出ているものと思われます。

　つきましては、ご確認のうえ令和〇年6月30日までにご回答をいただきたくお願い申し上げます。

敬具

初めてコンタクトを取る相手には、まず穏便に抗議を始めます。

こちらが先行販売していて、どのような点が類似しているかを具体的に示します。

書き換え表現

● 早急なご回答と善処のほど、よろしくお願い申し上げます。

支払い遅延への抗議

令和○年 9 月 16 日

株式会社土井商会
小林淳平 様

株式会社シライシ産業
桑野吉江

バランスボールⅡ 30 個の代金について

拝啓　貴社一段とご清栄のこと拝察いたします。

　さて、4 月 15 日に納品しましたバランスボールⅡ 300 個の代金 3,600,000 円につき、5 月末までにお支払いいただくことになっておりましたが、支払い期日を 3 ヵ月過ぎましてもいまだご入金の確認ができておりません。

　貴社とは約 20 年お取引をさせていただいておりますが、過去にも本来のお振込期日を過ぎ、当方からご連絡申し上げたケースが 5 回ございました。

　管理部門からの指摘もあり、今後このような状況が続いた場合、誠に遺憾ながらお取引そのものを見直さざるを得ません。

　つきましては、お支払遅延の理由ならびにお支払日を折り返し書面にてご回答いただきますようお願い申し上げます。

　なお、本状と行き違いにお振込みいただいた節は何卒ご容赦ください。

敬具

> 事態の経緯と現状を具体的に伝えます。

書き換え表現
● 至急お調べのうえ、来る 9 月 30 日までにお支払いくださいますようお願い申し上げます。

注文取消への抗議

令和○年 3 月 17 日

株式会社ササキ
戸部節夫 様

株式会社アヅマ興業
船田高一

業務用掃除機ファインクリーン注文取消の件について

前略　取り急ぎ用件のみにて失礼いたします。

　2 月 15 日付でご注文いただきました業務用掃除機ファインクリーン 15 台につきまして、本日お電話にて注文取消のご連絡をいただきました。お約束の 3 月 20 日の納期を控えた本日にいたって、突然のお申し出に困惑している次第です。

　弊社ではご注文をお受けしてからご希望の使用でご用意しましたため、ほかの業者様にお求めいただくこともできません。貴社にも種々事情はあろうかと存じますが、取消のお申し出についてはお断りさせていただきます。

　以上のことから、ご注文の品に関しては貴社にてお引き取りくださいますようお願い申し上げます。

草々

> 日付、ここまでの経緯について具体的に記します。

> 取消に応じることができない理由を説明します。

> 結論は毅然とした姿勢で伝えます。

誤発送への抗議

誤発送誤納品について

前略　取り急ぎ用件のみにて失礼いたします。

　令和○年10月14日付注文書による商品が本日到着いたしましたが、納品検査をしましたところ、弊社注文の商品とは異なる品であることが判明いたしました。

　こちらの商品では、弊社業務には使用できず、支障をきたす事態となっております。

　ご確認のうえ、大至急注文通りの品を出荷願います。

　いずれ誤納品にともなう損害については、貴社との契約通り賠償していただきたいと存じますが、今後のお取引のためにも、今回の誤納品について、原因の究明と再発防止策を書面でご回答いただきたく、お願い申し上げます。

　なお、誤発送の商品は、本日着払いにて返送いたしましたのでよろしくご査収ください。

草々

> 困っている現状と、至急対応してほしい要望をはっきりと書きます。

> 誤送品をどのように対処したか、説明します。

契約不履行への抗議

令和○年4月8日

株式会社中山サービス
川村正一郎 様

株式会社楠田実業
中川克行

リース契約不履行について

前略　貴社とリース契約しておりますレーザープリンターのメンテナンスについて、当初の契約通りのサービスが履行されておりません。

　契約では、月2回の定期点検を行う他、故障時には速やかに対処するとなっておりますが、本年1月以来、3ヵ月以上定期点検が行われておりません。

　つきましては、今後のメンテナンスのあり方について、早急にご説明いただきたく、至急のご連絡をお願いいたします。

草々

> 当初の契約内容を具体的に明記します。

書き換え表現
- 早急に誠意あるご回答を賜りますようお願い申し上げます。

反駁状

はん ばく じょう

▶ 反駁状の基本とマナー

令和○年1月31日

株式会社大内商店
総務部　綿田淳二 様

株式会社柴田オフィス
柴田賢太郎

ご注文内容の確認について

拝復　貴社ますますご発展の段、お慶び申し上げます。平素は格別のお引き立てを賜り、厚くお礼申し上げます。

　さて、1月30日付貴信にてご指摘を受けました、ご注文内容相違の件につきまして、ご回答申し上げます。

　1月25日に当社より納入いたしました「花粉ガードマスク」200箱に関し、納品個数に相違があるとのご指摘ですが、さっそく関係部署に確認しましたところ、貴社注文書に確かに箱との記載がございました。念のため、当社に届いております注文書のコピーを同封させていただきます。お手数とは存じますが、貴社控えとご照会いただきますようお願い申し上げます。

　なお、このたびの件は納入前にお電話で確認すれば防げたことであり、当社といたしましても不手際をお詫び申し上げますとともに、なにとぞ今後とも変わらぬご愛顧のほどよろしくお願い申し上げます。

敬具

確認の意味で相手の指摘を反復します。

書き換え表現
● さっそく社内にて調査しましたところ

先方の落ち度であったとしても、こちらにも責任の一端がある場合は、ひと言お詫びします。

このような時に送る	納期遅延、支払い遅延、契約不履行、権利侵害、製品不良などに対して抗議があった時。
目的	先方の抗議や非難が不当であることを説明し、こちらの正当性を理解してもらうため。
基本とマナー	要点を整理して、反論すべき点についてはきちんと反論するようにします。感情的にならず、事実を冷静に伝えて対応を促します。

ご請求金額について（回答）

拝復　春暖の候、貴社ますますご隆盛のこととお慶び申し上げます。

　さて、4月22日付の貴信を拝読いたしました。先月末にお送り申し上げた請求書の金額が間違いであるとのご指摘ですが、御社にご請求させていただく運営サービス料は月額60万円で間違いございません。本年1月の契約更新時に作成いたしました契約書に記載の通りでございますので、御社に保存の一通を今一度ご確認くださいますようお願いいたします。

　ご納得いただけるものと確信いたしております。

敬具

金額をあらためて提示して、間違いがないことを示します。

書き換え表現

● あしからずご了承いただけますよう、よろしくお願い申し上げます。

第**4**章

社外文書（業務文書）の基本

契約不履行のご指摘について

拝復　貴社ますますご隆盛のこと、お慶び申し上げます。

　さて、4月3日付貴信拝受いたしました。このたびの広島本店リニューアル工事におきましては、工期の遅れによりご心配をおかけいたしておりますこと、改めてお詫び申し上げます。

　しかしながら、工期遅れが履行遅滞にあたるとのご指摘に、大変困惑しております。遅れの原因は貴社のご意向によるデザインの変更が二度ありましたことによるものであり、契約条項第2条にありますとおり、変更の都度、現場責任者の関川様に工期延長のご了解を得て進めているところでございます。何卒事情ご賢察のうえ、ご承諾いただきますようお願い申し上げます。

　なお、現在、終日工事を進めております故、4月25日（木）にはお引き渡しができるものと存じます。今しばらくのご猶予を賜りたく重ねてお願い申し上げます。

敬具

納期が遅れるなど先方に迷惑をかけている場合は、最初にひと言お詫びします。

契約条項をもとに、こちらの正当性を相手に主張します。

令和○年8月19日

株式会社マーノンチェ
江頭康太 様

株式会社アクア田原
泉谷恵美

商標権侵害のご指摘について

拝復　8月17日付貴信拝読いたしました。ご指摘の商標権侵害についてご回答申し上げます。

　弊社の商標「ナイトアクアリウム」が貴社の商標「ナイティーアクアリズム」の商標権を侵害しているとのご指摘を受けまして、大変遺憾に存じているところです。

　弊社の「ナイトアクアリウム」は平成15年の発売以来すでに2000台を売り上げ、その商標も広く知られています。したがいまして、本年5月発売の貴社「ナイティーアクアリズム」の商標権を侵害する意図は全くございません。むしろ先使用権を主張できるものと存じます。また、貴社が希望される弊社商品の販売停止につきましても、当方に受け入れる理由はございません。

　しかしながら、ここまで類似した商標であるからには、弊社としても見過ごせる問題ではないと愚察いたしますので、お望みであればいつでも相談させていただきたいと思います。

　かような次第ですので、あしからずご了承くださいますようお願い申し上げます。

敬具

書き換え表現
● 心外の極みにして困惑しております。

主観を交えずに、事実関係を丁寧に主張して伝えます。

伝えるべきこちらの意思は、はっきりと記します。

令和○年 10 月 6 日

株式会社ヨコタ商会
小野信一 様

株式会社武藤デザイン
浅田高一

パンフレット納期遅延について

前略　10 月 4 日付貴信にて、総合ショッピングパーク内林センターのパンフレット 7 万部につきまして、当初予定の納期より遅れているとのご指摘をいただきました。

　ご指摘は事実ですが、このたびの遅延に関しては、9 月 28 日（木）の印刷直前に生じた秋の新作フェア情報の追加訂正が原因でございます。急遽現場に連絡し、納期の調整を試みましたが間に合わず、遅れにつきましては翌 29 日午前 10 時、お電話とメールにて貴社営業部長椎野様へご連絡申し上げました。この件は、椎野様にもご了解いただいております。念のため、椎野様からの返信メールのプリントを同封いたしましたので、ご確認ください。

　納期は当初予定より遅れましたが、納品場所を当初の貴社金沢支店から、パンフレット代理店宛てに変更し、椎野様と私が立ち合うことで対応させていただいております。最終納品に関しましては、問題のないものと存じますので、ご了承のほどお願い申し上げます。

　取り急ぎ、ご回答まで。

草々

指摘された事実に間違いがないことを伝えます。

先方の担当者に了解を得ているため、その事実を明記します。

当初の納期から遅れたものの、挽回するために納品場所変更にて対応したことを伝えます。

33 照会状

▶ 照会状の基本とマナー

令和〇年 8 月 22 日

株式会社濱村書籍流通
土村英介 様

結城マネジメント株式会社
管理部　大島糸代

着荷品違いのご照会

拝啓　時下ますますご清栄のこととお慶び申し上げます。

　さて、先般 8 月 9 日付で注文いたしました商品が本日着荷しました。しかしながら、検品しましたところ、下記のとおり品違いがあることが判明しました。弊社で注文書の控えを調べましたが、誤りはございません。

　つきましては、御社でもご確認のうえ、注文の商品をお納めくださいますようお願い申し上げます。

　なお、注文違いのお品は現在弊社で保管しておりますが、ご返品につきましてご指示がありましたらお知らせください。

　まずは取り急ぎ品違いのご照会まで。

敬具

記

注文品：「ビジネス能力検定 2 級 3 級ノート」125 冊
（伝票番号 :N525-1256）
着荷品：「ビジネス能力検定 1 級 2 級ノート」125 冊

以上

> 注文の品を手配してもらう必要がある場合は、到着したその日のうちに連絡しましょう。

> 調べた結果の事実のみを記します。

> 誤って届いた商品の返品の方法は、先方に確認します。

このような時に送る　商品の在庫状況、商品未着の事情、新規取引先の信用状況など、不明な点を問い合わせ、情報提供をお願いする時。

目的　問い合わせたい内容を具体的に示し、より正確で詳しい回答を得るため。

基本とマナー　「なぜ、その情報を知りたいのか」理由もあわせて伝えましょう。先方の手を煩わせることをふまえて、ひと言お詫びの気持ちを伝えましょう。

取引条件の照会

令和○年2月8日

株式会社シバザキ
伊藤圭介 様

株式会社古河物産
中田恵美

サプリメント「パワフルローヤル」
取引条件のご照会

拝啓　立春の候、貴社ますますご繁栄のこととお喜び申し上げます。平素は格別のご厚情にあずかり心より御礼申し上げます。

　さて、このたびは貴社の製品カタログをお送りくださり、誠にありがとうございます。さっそく拝見させていただいた結果、P125に掲載のサプリメント「パワーローヤル」ですが、年間購入目標600袋の検討に至りました。

　つきましては、ご多忙の折、大変恐縮とは存じますが、取引条件について2月25日（金）までにご提示いただきますようお願い申し上げます。

　まずは取り急ぎご照会まで。

敬具

先に案内を送ってもらっている場合、まず、お礼を述べます。

資料を通して取引する場合は、わかりやすいようにページ数を示します。

書き換え表現
● 折り返しご回答くださいますよう

商品未着の照会

商品未着のご照会

拝啓　時下ますますご隆盛のこととお喜び申し上げます。

　さて、11月1日付注文書（注文書番号256-A12）にてお願いしました乳幼児用ボディーソープ15箱（商品NO.567A-125）が、11月20日（火）現在未着となっています。先日のお電話では、11月15日（木）には着くとのことでしたので、お問い合わせした次第です。

　11月30日（金）に開催されます展示会に使用するものですので、至急お調べ頂き、ご対応ください。

　取り急ぎご照会まで。

敬具

注文書番号や日付など、正確な情報を伝えます。

書き換え表現
● お忙しいとは存じますが、お調べのご連絡ください

注文内容の照会

ご注文品についてのご照会

拝復　入梅の候、貴社ますますご隆昌のこととお喜び申し上げます。平素は格別のご愛顧を賜り、厚くお礼申し上げます。

　さて、このたびは6月6日付にて弊社の椅子「ビジネスチェア3B」15セットをご注文いただき、誠にありがとうございます。大変恐縮ですが、発注の詳細について確認させていただきたくご照会申し上げます。

　ご注文品には、1型、2型、3型の3タイプございますが、発注書には型の指定がございませんでした。

　つきましては、同封のカタログにてご確認のうえ、ご連絡くださいますようお願い申し上げます。

　取り急ぎ、ご注文品のご照会まで。

敬具

注文していただいた内容の確認のため、頭語は「拝復」を使います。

どの商品を注文希望であるか、詳細を確認します。

先方が確認しやすいよう、型の詳細がわかる情報を伝えます。

銀行口座の照会

貴社銀行口座のご照会

拝啓　仲秋の候、貴社におかれましては益々ご隆盛のこととお喜び申し上げます。

　さて、このたびは弊社との新規取引のお申し込みをいただき、誠にありがたくお礼申し上げます。現在、新たな業務態勢で臨むべく張り切っている状況です。

　つきましては、さっそくでございますが、お支払い時に使用いたします貴社のお取引銀行口座を教えていただきたく存じます。

　ご多忙中誠に恐れ入りますが、なにとぞ10月20日までにご回答賜りますようよろしくお願い申し上げます。

　取り急ぎ、お礼かたがたご照会まで。

敬具

新規取引の申し込みに、感謝の意を伝えます。

いつまでに回答がほしいか、具体的な日程を伝えます。

新規取引先の信用状況の照会

令和○年8月6日

株式会社松田ビジネス
総務本部　杉山英二 様

森本ロイヤル株式会社
総務部長　川村圭司

信用状況についてのご照会

拝啓　残暑の候、貴社にはいよいよご盛栄のこととお喜び申し上げます。

　さて、このたび小社は株式会社コダマ様より、オフィス複合機を取引したい旨のお申し出を受けました。しかしながら同社とはこれまで取引がないため、信用状況について事前の調査を行っているところです。

　つきましてはまことに不躾なお願いと承知の上で、同社と取引関係をお持ちの貴社からのお力添えを賜りたく、お尋ねする次第です。

　下記の件につきまして、お差し支えのない範囲で結構ですので、ご回答いただけましたらありがたく存じます。

　申すまでもなく、ご教示の内容は極秘扱いとし、貴社にご迷惑が及ぶことは決してございません。

　また、調査に要する費用につきましては、小社が負担させていただきます。なにとぞご高配のほどよろしくお願い申し上げます。

　まずは取り急ぎ、ご紹介のほどお願い申し上げます。

敬具

記

株式会社コダマ　高知県高知市北竹島町○-○-○
1. 経歴
2. 現在の営業状態
3. 信用状況
4. その他の参考事項

以上

照会を依頼する理由を伝えます。

照会をお願いしたい詳細を別記として、先方が回答しやすいようにします。

発生する費用について、こちらが負担する旨を明示します。

第4章　社外文書（業務文書）の基本

135

34

回答状

回答状の基本とマナー

令和○年 2 月 12 日

株式会社徳田サービス
人事部長　荒川一輝 様

株式会社月島サービス
人事部長　吉田二郎

人事照会の件について（ご回答）

拝復　立春の候、貴社ますますご清栄のこととお喜び申し上げます。
　さて、2 月 4 日付にてご依頼のありました人事照会の件について、ご回答申し上げます。
　田ノ上千一氏は、平成 22 年 3 月に東京アジア国際大学卒業後、同年 4 月に弊社に入社し、企画部にて約 7 年間勤務いたしました。人望も厚く、今後も嘱望されておりましたが、平成 29 年 5 月 31 日付にて退職いたしました。その間の勤務状況等について、以下のようにご回答申し上げます。

敬具

記

1. 人柄は常に社交的で、勤務態度も良く上司の信頼も得ていたようです。新規広告案件のリーダーを複数務めていましたので、リーダーシップもあったと思われます。
2. 勤務状況としては、平成 26 年より新規広告プロジェクトに携わり、翌年よりプロジェクトチームチーフとして、数多くの事案に取り組んでおりました。
3. 退職理由は、両親が高齢のため親元である大分県中津市にて再就職を希望したからと聞いております。

以上

書き換え表現
- 2 月 4 日の貴信による

問い合わせの詳細について、わかりやすいように別記とします。

具体的な事実を記します。

このような時に送る　先方からの問い合わせ、照会、依頼、申し込みがあり、回答する時。

目的　先方の知りたい内容に、必要な情報を客観的に伝えるため。

基本とマナー　問い合わせに対する回答であるため、頭語は「拝復」で始まります。質問に対応した形で、先方の知りたいことだけを客観的に記します。

令和○年 5 月 10 日

株式会社高野ブックス
野沢陽一 様

株式会社ウラノ書籍販売
森本正一

商品未着の件（ご回答）

拝復　若葉の候、貴社ますますご盛栄のこととお慶び申し上げます。いつも相変わらぬお引き立てにあずかり、心より深謝いたします。

　さて、5 月 8 日（月）に発送いたしましたご注文の商品「動物イラスト世界地図」200 冊が、納入予定日を過ぎても到着していないとのこと、誠に申し訳ございません。

　ただちに調査しましたところ、出荷中の手違いの可能性が大であることが判明しましたが、詳しい原因はまだ調査中です。

　取り急ぎ 5 月 12 日（金）着にて新しく荷の配送を手配いたしましたので、ご高配のほどお願い申し上げます。

　ご到着が遅れ、ご心配ならびにご迷惑をおかけしたことを改めてお詫び申し上げます。

　原因が解明しましたら、改めてお伺いしてご報告させていただきます。

　まずは取り急ぎお詫びかたがたご回答申し上げます。

敬具

問い合わせへの返信であるため、頭語は「拝復」で書き始めます。

調査中に回答をする場合は、後日責任をもって回答することを約束します。

こちらのミスの原因を伝えます。回答する時点で判明していない場合は「調査中」の旨を伝えましょう。

請求内容照会の回答

請求内容ご照会の件

拝復　残暑の候、ますますご隆盛のこととお喜び申し上げます。平素は格別のご愛顧を賜り、厚くお礼申し上げます。

　さて、8月10日付でご照会いただきました弊社からの6月分請求書内容につきまして、納品書と照合するなどの確認作業をしたところ、本請求内容に誤りはないとの結論に達しました。

　6月分につきましては、通常の納品数に加え、電話にて追加注文を受けており、その分の注文書をいただかなかったことにより、このような行き違いが生じたものと思われます。

　弊社より、追加分を合わせた納品書をお送りしておりますが、念のため控えを同封させていただきました。お手数ですがご確認くださいますようお願い申し上げます。

　まずは取り急ぎご返答申し上げます。

敬具

書き換え表現
- さっそく調査致しましたところ、請求金額に誤りはないものと存じます。

行き違いのあった理由を説明して、先方に理解を求めます。

根拠となる資料を明記して、必要に応じて控えを送ります。

商況の照会の回答

「ウィスパー A2」のお問い合わせの件

拝復　時下ますますご繁栄のこととお慶び申し上げます。

　さて6月6日付の貴信にて、先月発売の貴社新製品に対応するイヤホン「ウィスパー A2」の売行きをご照会いただきましたが、結論から申し上げると、きわめて順調と存じます。

　若い女性が着用したくなるようなデザインのイヤホンがこれまで少なかったことに加え、音量を手元で簡単に調節できる機能が好評の一因と現場担当者が申しておりました。

　詳しいデータにつきましては、お送りいただいた調査表に記入し同封いたしましたので、そちらをご参照ください。

　また、追加注文につきましては、後日担当者の方より連絡させていただく所存であります。

　まずは取り急ぎ、ご回答まで。

敬具

問い合わせへの結論を、まず先に明記します。

こちらで持ちあわせているデータをもとに、客観的に回答している旨を伝えます。

138

取引条件の照会の回答

令和○年3月17日

株式会社ニシムラ
春日修一 様

株式会社益田照会
八木康隆

お取引条件についてのご回答

拝復　早春の候、貴社ますますご清栄のこととお慶び申し上げます。
　さて、3月10日付貴信拝読いたしました。お取引条件をご照会いただき、誠にありがとうございます。さっそくですが、下記の通りご回答申し上げます。弊社といたしましては、ぜひお取引を賜りたく、ご検討のほどよろしくお願い申し上げます。
　なお、ご不明な点などございましたら、ご遠慮なくお尋ねくださるようお願い申し上げます。

敬具

記

1. 価格　　　　同封の価格表をご参照ください。
2. 支払方法　　毎月15日締め翌月末日の現金払い
3. 送料その他　貴社負担
4. 納入方法　　貴社ご一任
5. 返品・交換　受注生産品のため、返品・交換につきましては原則応じかねます。
6. 同封書類　　価格表3通

以上

先方からの照会に対して、まず感謝の意を伝えます。

条件を伝えるのにあわせて、取引をお願いしたい意欲をここで示します。

取引条件など詳細については別記として、わかりやすく明記します。

第4章　社外文書（業務文書）の基本

35

督促状
とく　そく　じょう

▶ 督促状の基本とマナー

令和○年 6 月 15 日

株式会社ワタナベ実業
上野蒼汰 様

株式会社テレック商店
池田樹里

「小型補聴器 C5-64」の納品について

拝啓　貴社ますますご清栄のこととお喜び申し上げます。

　さて、6 月 1 日付で注文いたしました「小型補聴器 C5-64」（注文書番号 30-322）ですが、納品期日を 5 日過ぎてもいまだ到着していないうえ、貴社から一切のご連絡もいただいておりません。6 月 30 日（水）より売場を変更して販売を開始する商品ですので、期日が迫り大変困惑しております。大至急お調べいただき、ご回答くださいますようお願いいたします。

　万が一 6 月 20 日までに納品いただけない場合は、注文の取り消しも検討せざるをえませんので、悪しからずご了承ください。

　なお、本状と行き違いにて着荷の際は、何卒ご容赦のほどお願い申し上げます。

　まずは取り急ぎお願いまで。

敬具

注文した日、注文番号などを記し、納品が遅れている事実を示します。

こちらの事情も伝え、注文取り消しの可能性があることをきちんと伝えます。

督促状と入れ違いに商品が届く可能性もあるため、この一文を添えます。

このような時に送る	納期や支払いの遅延、契約不履行、融資返済などに対して確認を促したい時。
目的	義務を果たさない先方にこちらの意思を伝えて、確実に義務を果たすように進展させるため。
基本とマナー	取引の事実、契約不履行の事実などを客観的に伝え、相手に義務の遂行を促します。強硬な姿勢をとらず、あくまで先方の誠意を期待する表現を心がけます。

令和○年3月25日

株式会社大竹実業
中本純一 様

株式会社丸井商店
林田安二

代金お支払いの件

拝啓　日頃は格別のお引き立てを賜り誠にありがとうございます。

　さて、1月20日付でご請求申し上げた外壁用洗剤 PO-96 の代金の件（請求書番号 3526-97）でございますが、お支払い期日の3月5日を20日経過した本日まで、ご入金の確認ができておりません。

　なんらかの手違いかとも存じますが、弊社も経理上の支障を来たしております。つきましては至急お調べいただき、4月5日までにお支払いくださいますようお願い申し上げます。

　万一当日までお支払いのなき場合は、しかるべき法的手段をとらざるを得ませんので、格段のご配慮をお願い申し上げます。

　なお本状と行き違いにすでにお振込みを賜りました節は、あしからずご容赦くださいますようお願い申し上げます。

　まずは取り急ぎお願いまで。

敬具

対象となる請求をすぐに特定できるように、日付や品目など詳細を明記します。

入金が遅れて当方としても支障を来している状況を感情的にならずに伝えます。

督促状と入れ違いに振り込まれる可能性もあるため、この一文を添えます。

代金未払の再督促

代金未払いの件

前略　さて、1月20日付でご請求申し上げた外壁用洗剤 PO-96 の代金の件（請求書番号3526-97）でございますが、本日にいたりましてもいまだご入金の確認ができておりません。

この間、電話と書状によって再三お願い申し上げましたが、なんらのお返事もいただけませんでした。

つきましては4月10日までにご送金のない場合は、遺憾ながら相応の手段をとらせていただく所存です。

この段、ご賢察をいただき、早急にご配慮のほどお願い申し上げます。

草々

日付や品目など詳細を明記します。

督促状は法的手段に訴えた場合の証拠となります。脅迫めいた文言は不利となるので慎みます。

融資返済の督促

融資のご返済について

拝啓　梅雨の候、貴社ますますご清栄の段お喜び申し上げます。

さて、2月10日付で貴社にお貸し申し上げた金350万円のご返済日は5月10日となっておりましたが、6月に入りましてもいまだお振込みが確認できておりません。

貴社も何かと事情はおありかと存じますが、弊社もこのままでは資金繰りに支障を来しかねません。至急ご返済願いたく、こうして書状をしたためた次第です。

つきましては、とりあえず今月末までは猶予させていただきます。それでもご返済のない場合は、残念ながら法的手段をとらざるを得ませんので、ご理解のうえ早急にご対応願います。

まずは貴社の誠意あるご回答を賜りたく存じます。

なお、本状と行き違いにお支払いの場合は、どうかご容赦ください。

敬具

貸し出した日付、金額、返済日などを明記します。

こちらより提示した新しい期日を過ぎた場合の対応も伝えておきます。

令和〇年 10 月 25 日

株式会社ギフトセンター
田所由子 様

株式会社山村タクシー
小出美奈

見積書発送のお願い

拝啓　仲秋の候、貴社ますますご盛栄のこととお慶び申し上げます。毎々格別のご高配にあずかり、厚くお礼申し上げます。

　さて、10 月 1 日付でご依頼申し上げました貴社商品「スペシャルギフト B セット」のお見積りに関しまして、お約束の 10 月 15 日を 10 日経過しているにもかかわらず、いまだ弊社に届いておりません。弊社で開催する秋の親睦会に使用するものですので、開催日時が 11 月 30 日に迫り、当方といたしましては他社品と比較検討できず大変困惑しております。

　何か手違いがあり遅れているのかもしれませんが、ご確認のうえ 10 月 30 日（火）までにご送付くださいますようお願い申し上げます。

　なお本状と行き違いの場合はご容赦ください。

　まずは書中をもってお願い申し上げます。

敬具

納期から遅れて、なぜ督促しているかという理由を明らかにします。

書き換え表現
- 催促がましく誠に恐縮ながら

発信者名は、1 回目は担当者、2 回目は管理職など、上役の名前で送付することもあります。

36 注文状

▶ 注文状の基本とマナー

令和○年 3 月 22 日

株式会社東洋工学
西田康範 様

岡村カメラ株式会社
山内真司

レーザープリンターの注文について

拝復　早春の候、貴社ますますご清栄のこととお喜び申し上げます。

このたびは弊社との取引口座をご開設いただき、誠にありがとうございます。また諸々の取引条件をご快諾くださいまして、厚くお礼申し上げます。

さっそくですが、初回の注文を別紙の通りお願い申し上げます。よろしくご承諾の上、お手数でございますが注文請書のご返送をお願いいたします。

弊社では池袋本店を中心に、レーザープリンター売場を拡張中ですので、好評であれば徐々に注文数を増やしていきたく存じます。どうか今後とも宜しくお願い申し上げます。

とりあえず、書中をもってご注文まで。

敬具

新規取引承諾を受けてからの初めての注文の場合は、「拝復」から始めます。

書き換え表現
● 新規取引にご契約くださり

重要な注文の場合には、「注文請書」を求めましょう。

このような時に送る	カタログ注文、見計らい注文、指値による注文などによってサービス、商品を注文する時。
目的	取引相手から商品や書類などを間違いなく取り寄せるため。
基本とマナー	取引相手と行き違いのないよう、取り寄せたいものの名称や数量、希望納期を明確にして、相手が間違えないように文書で伝えましょう。

令和○年 5 月 8 日

株式会社杉下スイミング商会
宮内洋子 様

株式会社岡田スポーツ
久保恭一

カタログ商品の注文について

拝啓　時下ますますご清栄のこととお慶び申し上げます。

　さて、4 月 27 日付で貴社製品カタログをご送付いただき、誠にありがとうございました。つきましては下記の通り注文いたします。よろしくお取り計らいのほど、お願い申し上げます。

　ご承諾の折には、注文請書にご記入の上、5 月 20 日までに担当者までご返送してくださいますよう、よろしくお願い申し上げます。

　なお初夏を控えての需要が見込まれます関係上、6 月 10 日までに当方へご納入いただけますよう、ご配慮のほどお願い申し上げます。

敬具

記

1. 品名　　　競泳用スイミングキャップ（黒）10 点 25,000 円
　　　　　　　ゴーグル（青）5 点 10,000 円
　　　　　　　ゴーグル（赤）5 点 10,000 円
2. 合計金額　45,000 円
3. 納入場所　弊社松山営業所
4. 納期　　　6 月 5 日

以上

カタログを送付してもらったお礼をまず伝えます。

納期を厳密に指定する場合は、その理由もあわせて伝えましょう。

注文の詳細は別記として、先方に伝わりやすいようにします。

指値による注文

カーテン布地ご注文に際して

拝啓　時下ますますご隆昌のこととお喜び申し上げます。

　さて、ご多用中にもかかわらず、貴社お取扱いのカーテン布地価格表を早速にご送付いただき、誠にありがとうございます。現在、布地　B-5674 の購入を検討中でございます。

　つきましては、布地 1 メートルあたり 4200 円であれば、120 メートル注文したいと存じますが、いかがでしょうか。

　ご承諾いただきましたら、早急に注文書を作成し、ご送付いたします。なお、値引きが不可能でしたら納期も迫っておりますので、他店への発注に切り替えさせていただきたく存じます。

　勝手を申しまして恐縮ですが、ご検討のほど宜しくお願い申し上げます。

敬具

注文を検討するために、資料を送付してもらったお礼を述べます。

納期が迫っていることを示すことによって、返答を急ぐことを暗に伝えることができます。

追加注文

令和〇年 10 月 18 日

株式会社土田商事
北山礼二 様

株式会社プリンス商会
岸本俊介

「球体レンズ 12-5B」の追加注文について

前略　先般納品していただいた貴社製品「球体レンズ 12-5B」が大変好評で、在庫も少なくなってまいりました。

　つきましては別紙注文書の通りに追加注文したく存じます。金額、支払方法等については先般と同じ条件にてよろしくお願いいたします。

　まずは取り急ぎ追加の注文まで。

草々

在庫について説明して、こちらの状況を伝えます。

詳しい注文内容は別紙の注文書に記します。

支払い方法など重要な点は、別紙だけではなくひと言書き添えます。

見計らい注文

令和○年9月25日

株式会社稲垣物産
田形浩二 様

株式会社大村センター
三本杉竜一

クリスマス用リース見計らい注文の件

拝啓　貴社ますますご清栄のこととお喜び申し上げます。

　さて、弊店では年末のクリスマスシーズンを控えまして、クリスマスツリー特別フェアを実施いたします。

　一昨年から続けてご納入いただきましたリース各種は、おかげさまでいずれも好調な売れ行きとなりました。

　つきましては今回も今年売れ筋の商品、色、サイズをお見計らいの上、お手配いただきますようお願い申し上げます。小型ツリーに飾るタイプ各種が比較的好評でしたが、貴社の在庫状況にお任せいたしますので、よしなにお取り計らいください。

　まずは取り急ぎお見計らいの注文まで。

敬具

注文したい商品を展開するセールの主旨を先方に説明し、イメージを共有しましょう。

見計らい注文をする経緯を簡潔に伝えます。

注文の取消

令和○年2月16日

株式会社江原販売
山村美枝 様

株式会社門田インテリア
酒井千賀子

注文取消のお願いとお詫び

拝啓　平素はひとかたならぬご厚情を賜り深謝いたします。

　さて、2月1日付の発注書10-1256号にて注文申し上げましたオーク床材およびテラコッタタイルですが、納入先の経営破綻により施工中止の事態に陥りました。

　つきましては誠に心苦しい次第でございますが、上記の注文をひとまず取消させていただけないでしょうか。

　貴社にご迷惑をおかけして誠に申し訳ございませんが、なにとぞ事情ご賢察の上、ご了承くださいますようお願い申し上げます。

　まずはお詫びかたがた注文取消のお願いまで。

敬具

取消を依頼する対象品について、正確に明記します。

書き換え表現

● 誠にもって申し訳ない仕儀となりましたが、

147

37

確認状

確認状の基本とマナー

令和○年8月12日

株式会社丸山デザイン
松原栄子 様

株式会社にじいろ総合サービス
営業部　加藤祐子

世界地図クリアファイル注文内容のご確認

拝啓　平素は格別のご厚配を賜り、厚くお礼申し上げます。
　さっそくですが本日8月10日、お電話にて世界地図クリアファイル追加ご注文を承り、誠にありがとうございます。つきましては改めて書面にてご確認いただきたく、ご送付申し上げます。
　品目、数量等は下記の通りでございます。ご多用中のところ恐縮ですが、ご不審な点などございましたら、どうぞなんなりとお問い合わせください。
　まずは取り急ぎご確認のお願いまで。

敬具

記

1. 品名　　　　世界地図クリアファイル C-2 タイプ
2. 数量　　　　5,000 枚
3. 納品期日　　9月25日
4. 納品場所　　御社川崎営業所

以上

> 受注した日時を明記します。

> 文書の冒頭で注文への感謝の言葉を伝えます。

> 注文の詳細については別記に記し、わかりやすいようにします。

このような時に送る	電話での受発注、納品日時、支払い条件、契約事項、発送状況などを確認する時。
目的	現状で把握している情報が正しいのか確認をするため。とくに電話や口頭でのやり取りの内容を文書で再確認する場合に使います。
基本とマナー	特に数字や日付は間違いのないように確実に伝えます。相手も自分も確認しやすいよう、もれなく簡潔に文書を作成します。

令和 5 年 5 月 10 日

株式会社西村センター
山口賢一 様

株式会社安田水槽
城島安士

クリア水槽「CBG-20」注文のご確認

拝啓　若葉の候、貴社ますますご隆盛のこととお慶び申し上げます。日ごろはお引き立ていただきありがとうございます。

　さて、5 月 8 日（月）お電話にてご発注賜りました件につき、下記のとおり書面に認めましたので念のため内容のご確認をお願い申し上げます。相違がなければ、お手数ですがご署名ご捺印のうえご返送くださいますようお願い申し上げます。

敬具

記

1. ご発注品名　　：クリア水槽「CBG-20」
2. ご発注数量　　：25 個
3. 単価　　　　　：36,000 円
4. 合計金額　　　：900,000 円
5. 納期　　　　　：6 月 8 日（月）
6. 納入場所　　　：西村センター浜松北店様
7. お支払条件　　：月末締め / 翌月末お振込み
8. 貴社ご担当者様：浜松北店長 小池俊哉様

以上

件名に商品名を記して、相手がわかりやすいようにします。

相手が間違いなく確認したという証明のため、捺印を必ずもらいましょう。

確認したい詳細を別記に記します。

増産予定の確認

ソフトクッション C25 増産期日の
ご確認について

拝啓　時下ますますご隆盛の趣、お喜び申し上げます。

　さて、10月10日にご注文申し上げたソフトクッション C25 についておうかがい申し上げます。目下のところ品切れのため増産中とお聞きしておりますが、その後具体的なでき上がり予定日はいかがなりましたでしょうか。お客様からの問い合わせもあり、当店といたしましても入荷を心待ちにしております。

　つきましてはご多忙のところ大変恐縮ですが、折り返しご回答くださいますようお願い申し上げます。

敬具

> 注文した日付を明記して、その後の状況を尋ねます。

> こちらの状況を伝えて、回答を急ぎもらいたい事情を理解してもらいます。

納期の確認

納期の確認に関するお願い

拝啓　初秋の候、貴社ますますご隆盛のこととお慶び申し上げます。平素のご懇情、深く感謝いたします。

　さて、9月8日付にて発注いたしました「卓上クリーナー A11」25台につきまして、納期のご確認をお願い申し上げます。

　通常は納期まで二週間というお約束をいただいておりますが、9月22日には間に合いますでしょうか。実は臨時の大きな案件が重なり、現場がフル稼働で作業にあたっている状況です。できれば二週間を待たずにお届けいただければ幸甚に存じます。

　ご多忙中のところ恐縮でございますが、なにとぞ事情をお汲み取りいただき、至急ご回答賜りますようお願い申し上げます。

　まずは取り急ぎ納期のご確認のお願いまで。

敬具

> 日付、品名、数量を明記します。

> 急いで入用であっても、書面では丁寧にお願いをするようにします。

150

令和○年 9 月 17 日

株式会社京阪ビジネス
戌亥純一郎 様

株式会社アカイケ商事
大久保圭佑

支払条件のご確認

拝啓　時下ますますご隆盛のこととお喜び申し上げます。

　さて、このたびは弊社新製品3歳～4歳対象英語教材「ファミリーブックセット」をご注文いただきまして、誠にありがとうございます。

　つきましては、お支払条件は下記のとおりですが、今一度ご確認いただきたくお願い申し上げます。お忙しいところ恐れ入りますが、ご確認のほどよろしくお願い申し上げます。

　まずはお礼かたがたご確認まで。

敬具

記

1. ご発注品名　：　3歳～4歳対象英語教材「ファミリーブックセット」
2. ご発注数量　：　150 セット
3. 単価　　　　：　12,000 円
4. 合計金額　　：　1,800,000 円
5. 納期　　　　：　9 月 30 日（月）
6. 納入場所　　：　貴社盛岡営業所
7. 諸費　　　　：　弊社負担
8. 支払条件　　：　手形払い 90 日決済

以上

まず、注文への
お礼を伝えます。

書き換え表現

● 下記のとおりお支
払条件の確認をさ
せていただきたくご
連絡申し上げます。

注文内容は別記に
記して、数量などを
確認しやすいように
します。

151

38

見積状

見積状の基本とマナー

令和○年9月9日

株式会社川村商会
上田一郎 様

株式会社二宮テーブル
上田洋子

「ラウンドテーブル2」のお見積り状

拝復　新涼の候、貴社ますますご清祥の由お喜び申し上げます。日頃は格別のご愛顧を賜り、厚くお礼申し上げます。毎毎、ひとからならぬご厚情にあずかり、誠にありがとうございます。

　さて、このたびは9月8日付貴信にて弊社製品「ラウンドテーブル2」10卓についてご照会をいただき、厚く御礼申し上げます。

　つきましては、さっそく下記の通りお見積りを作成いたしました。なにとぞご用命賜りますよう、お願い申し上げます。

　まずはお礼かたがたお返事まで

敬具

記

1. 御見積合計金額　　1,100,000円（消費税込）
2. 支払い条件　　　　検収完了後月締翌月末振込
3. 納品場所　　　　　御社柏営業所
4. 御見積期限　　　　御見積御2ヵ月

以上

件名に商品名を入れておいたほうが先方に親切です。

先方からの照会に対する回答なので、「拝復」を使います。

このような時に送る　商品の代金や作業の費用などが、実際にいくらになるかをあらかじめ提示する時。

目的　先方の照会に対して速やかに条件を伝えるため。

基本とマナー　何についての見積りかを明確にします。期日や数量は間違えないようにします。マナーとして見積書だけで送付せず、送り状を添えます。

見積番号　222-000 令和○年 9 月 9 日

御見積書

株式会社川村商会　御中

株式会社二宮テーブル
〒102-○○○○
東京都千代田区平河町○丁目×番×号
TEL：03-○○○○-○○○○
FAX：03-○○○○-○○○○

合計金額　¥1,100,000-　　（消費税等込）

品名	数量	単位	単価	金額	備考
ラウンドテーブル 2	10	卓	100,000	¥1,000,000	
小計				¥1,000,000	
消費税等				¥100,000	
合計				¥1,100,000	

文書を管理するため、番号を入れておくと便利です。

自社の社名のスペースに社判を捺印します。

令和○年2月5日

株式会社タチカワスイミング
山口三郎 様

株式会社日本スイミング用品
営業部　川田尚子

「キャンペーンバッグ」のお見積書送付のご案内

拝復　立春の候、貴社ますますご隆昌のこととお慶び申し上げます。日頃は格別のお引き立てを賜り誠にありがとうございます。

　さて、このたび2月1日付貴信により弊社「キャンペーンバッグ」についてご照会をいただき、誠にありがとうございました。

　さっそく下記の通りお見積いたしましたので、ご査収のうえ、よろしくご検討のほどお願い申し上げます。

　なお、ご不明な点などございましたら、上記弊社営業部までご遠慮なくお問い合わせください。

敬具

記

1. 取引価格　　　：「キャンペーンバッグ」2,000円（税別）
2. 支払条件　　　：月末締翌月20日金融機関口座振込
3. 運賃諸掛　　　：弊社負担
4. 受渡場所　　　：御社小金井センター
5. 見積書有効期限　：発行日より3ヵ月

以上

見積り依頼書に対する文書であるなら、「拝復」で書き始めます。

書き換え表現
● 営業部の川田までお気軽にお問い合わせください。

別記を表組みにして見やすくしてもよいでしょう。

見積書番号 B5-101
令和○年2月3日

御見積書

株式会社立川スイミング　御中

株式会社日本スイミング用品
営業部　川田尚子
〒150-○○○○
東京都渋谷区神南○丁目×番×号
TEL：03-○○○○-○○○○
FAX：03-○○○○-○○○○

合計金額　¥144,000-　　（消費税等込）

品名	単価	数量	単位	金額	備考
キャンペーンバッグ	3,000	48	個	¥144,000	
小計				¥144,000	
消費税等					
合計				¥144,000-	

特記事項
1. 支払条件　　　　：月末締め翌月20日金融機関口座振込
2. 見積書有効期限　：発行日より3ヵ月

取引条件や見積り金額に関わる特記事項は、見積書ごとに明記します。

自社の社名のスペースに社判を捺印します。

請求状

▶ 請求状の基本とマナー

令和○年 10 月 20 日

株式会社三条装備
楠木作真 様

株式会社中村インテリア
遠藤健多

「防炎カーペット」代金のご請求

拝啓　仲秋の候、貴社ますますご清祥の由お喜び申し上げます。日頃は格別のご愛顧を賜り、厚くお礼申し上げます。

　さて、10 月 10 日（金）に納入いたしました防炎カーペット代金の請求書を作成しましたので、ご送付させていただきます。商品代金は、別紙のとおり合計 128,000 円です。

　つきましては、ご確認のうえ 11 月 30 日（水）までに下記銀行口座までお振込みくださいますよう、お願い申し上げます。

　今後とも変わらぬご愛顧を賜りますよう、お願いいたします。

敬具

記

ご請求金額　：128,000 円（税込み）
振込先　　　：山口望洋銀行徳島支店
口座番号　　：当座預金○○○○○○○○
名義　　　　：株式会社中村インテリア
※お振込み手数料はご負担ください。

以上

書き換え表現

● 10 月 10 日に納入させていただいた防炎カーペットの代金は、別紙請求書のとおり、金 128,000 円となります。

振込み手数料が先方負担となる場合、その旨を明記します。

このような時に送る　商品やサービスの代金などの支払いを求める時。

目的　品目、金額、日付、支払い方法などを先方に正確に伝えるため。

基本とマナー　何についての請求書かを明確にします。期日や数量は間違えないようにします。マナーとして請求書だけで送付せず、送り状を添えます。

請求番号　333-000 令和○年 10 月 20 日

御請求書

株式会社三条装備　御中

株式会社中村インテリア
〒753- ○○○○○
山口県山口市青葉台○丁目×番×号
TEL：0839- ○○ - ○○○○
FAX：0839- ○○ - ○○○○

下記のとおりご請求申し上げます。

合計金額　¥128,000.-　（消費税等込）

月	日	項目	数量	単価	金額
10	10	防炎カーペット	1	128,000	¥128,000

備考		小計	¥128,000
恐れ入りますが、お振込み手数料は御社でご負担ください。		消費税等	0
		合計	¥128,000

先方と事前に合意している振込手数料の負担を記します。

自社の社名のスペースに社判を捺印します。

40 契約書

▶ 契約書の基本とマナー

物品売買契約書

物品売買契約書

1. 契約物品の表示
   凸型重層ボックス
2. 契約代金
   132,000 円 （

買主　株式会社山尾ホールディングス（以下、「甲」という。）と、売主　株式会社パート濱村商事（以下、「乙」という。）は、上記の物品の売買に関し、以下の通り契約を締結する。

（納入場所）　第1条　　本件物品は、甲に納入する。
（納入期限）　第2条　　本件物品の納入期限は令和○年7月2日とする。
（物品検査）　第3条　　乙は、本件物品納入の際、必ず、甲の立会検査を受けるものとする。
（代金の請求）　第4条　　乙は、本件物品が前条の検査に合格したときは、令和○年7月30日までに、甲の定める請求書により、代金の請求手続きを行なうものとする。

　以上、本契約成立の証として、本書を2通作成し、甲乙は書名捺印のうれ、それぞれ1通を保管する。

令和○年6月10日

　　　　　　　　　　　　　　　（甲）　東京都新宿区西新宿○丁目×番×号
　　　　　　　　　　　　　　　　　　株式会社山尾ホールディングス
　　　　　　　　　　　　　　　　　　代表取締役　小嶋勇人

　　　　　　　　　　　　　　　（乙）　東京都文京区大塚○丁目×番×号
　　　　　　　　　　　　　　　　　　株式会社パート濱村商事
　　　　　　　　　　　　　　　　　　代表取締役　澤田ケイ子

> 税法上定められた額の印紙を貼ります。

> 契約当事者の名を記し、（甲）（乙）（丙）など略称のことわりを入れます。

> 甲、乙、それぞれの所在地、氏名、代表者の氏名を記し、押印します。

基本とマナー　内容で法的に間違いが内容に作成します。司法書士や弁護士に相談するとよいでしょう。また、契約書は当事者の数だけ作成して、各当事者が1通ずつ保管します。

業務委託契約書

業務委託契約書

株式会社プレジデント証券（以下、「甲」という）と株式会社玉川リバー事務所（以下「乙」という）とは、甲の業務委託に関し、以下の通り業務委託契約を締結する。

第1条（契約の目的）

1 甲は、本契約の定めるところにより、植栽点検業務（以下「本件業務」という）を乙に委託し、乙はこれを受託する。

2 甲は乙に対し、本契約の定めるところにより、本件業務委託の対価として委託料を別紙のとおり支払う。

第2条（本件業務の内容）

本件業務の内容は、別紙業務内容に定めるとおりとする。

第3条（契約期間）

令和〇年4月1日から令和〇年3月31日までとする。

〜〜〜〜〜〜〜〜〜〜〜〜〜〜〜〜〜〜〜〜〜〜〜〜〜〜〜〜〜〜〜〜〜〜

第15条（裁判管轄）

本契約に関し裁判上の紛争が生じたときには、東京地方裁判所を第一審の専属的合意管轄裁判所とする。

以上本契約の成立を証するため、本書二通を作成し、署名捺印の上、各自一通を保有する。

令和〇年3月15日

（甲）東京都千代田区平河町〇丁目×番×号
　　　株式会社プレジデント証券
　　　代表取締役　野村太輔

（乙）東京都文京区大塚〇丁目×番×号
　　　株式会社玉川リバー事務所
　　　代表取締役　村上恵美子

契約を交わした年月日を明記します。

金額や数量、期日に間違いがないよう確認しながら作成します。万が一、トラブルなどが発生した場合、契約書に則って法的な権利を行使するための重要な文書になります。

第4章　社外文書（業務文書）の基本

41 内容証明

内容証明の基本とマナー

売買契約解除の通知書

売買契約解除の通知書

当社は令和○年九月五日付で貴社と「インタビューキットY6」の売買の契約を行い、代金二百五十万円を貴社に支払いました。その後、納入期限の令和○年十月二十日を一ヵ月以上過ぎたにもかかわらず、未だに商品の引き渡しがありません。再三にわたり納品していただけるよう申し上げてきましたが、依然としてはっきりしたご回答はいっさいありませんでした。

今般本書面にて、債務不履行により貴社との売買契約を解除します。

令和○年十二月五日

東京都練馬区豊玉上○丁目×番×号
株式会社モチヅキ商店
代表取締役　中谷善太　印

東京都港区六本木○丁目×番×号
近藤テック株式会社
代表取締役　岡崎憲夫様

差出人の住所、氏名を記し、押印します。

最後に受け取り人の住所、氏名を記します。

このような時に送る　契約解除の通知、未払い金請求、類似商品使用の差し止め請求、クーリングオフの通知などを送る時。

目的　内容証明は「誰がいつどのような内容の文書を誰に送ったか」を、郵便局が証明してくれる制度です。「言った」「言っていない」のトラブルを防ぎ、法的な証拠となります。

商品代金ならびに遅延損害金のご請求

　弊社は、貴社に令和○年8月12日付で「業務用プリンター(15-01)」を7台納入し、代金1,7500,000円を10月25日までにお支払いいただくお約束でした。ところが、11月1日、11月25日と再三督促状でお支払いをお願いしているのにも関わらず、本日に至るまで一切のお支払いがございません。

　つきましては、本書面到着後7日以内に、上記代金に加えて、支払い期日翌日からお支払い日までの遅延損害金8000円（年利18%で計算）を上乗せしてお支払い下さいますよう催告申し上げます。

　　　　令和○年12月1日

　　　　　　　　　東京都新宿区新宿○丁目×番×号
　　　　　　　　　株式会社竹林プリンター
　　　　　　　　　代表取締役 寺田百男　　印

東京都品川区五反田○丁目×番×号
株式会社トーヨーテクノサービス
代表取締役　加藤幸之助様

書き換え表現

● 支払い期日を1ヵ月過ぎているにも
　かかわらず、

契約や約款をもとに、こちらの訴えを明確に伝えます。

基本とマナー

同じ内容の文書を3通作成して、封をせずに郵便局へ提出します。郵便局では内容が同一であることを確認した上で、1通は差出人に戻し、1通は郵便局が保管し、もう1通が先方に送られます。
縦書きの場合、用紙1枚につき1行20字×26行以内。横書きの場合は用紙1枚につき1行26字×20行または13字×40行以内。句読点、カッコ類も1字としてカウントします。2枚以上にわたる場合、つづり目に割り印をします。

▶ 委任状の基本とマナー

不動産登記申請の委任状

登記申請委任状

代理人
東京都杉並区成田東○丁目×番×号
司法書士　澤本三郎

私は上記のものを代理人と定め、下記の事項を委任します。

記

1. 登記の目的　　所有権保存登記
2. 不動産の表示
　　東京都渋谷区千駄ヶ谷○丁目×番×号
　　家屋番号 0 番 0 の 0
　　鉄筋コンクリート 3 階建　　1 階部分
　　床面積　102.55 平方メートル

令和○年 6 月 10 日
委任者
東京都練馬区石神井台○丁目×番×号
株式会社トクナガ
代表取締役　　杉田史郎　　印

法的な書類であるので、代理人の住所、氏名などは誤りのないように作成します。

委任する内容は別記としてわかりやすく箇条書きにします。

本人が内容をよく確認したうえで書名、捺印します。

このような時に送る	申請、証明書の請求、行政機関の各種手続きを代理人に委任する時。
目的	他の人に自分の代理人として代表権を与えたことを証明するため。
基本とマナー	専門家に委任する場合は所定の書式に則って作成します。委任する内容は詳しく記入しておきます。

第5章

社外文書（社交文書）の基本

43 社外文書（社交文書）の基礎知識

社外文書（社交文書）は、挨拶状や招待状、お礼状やお悔やみ状など
社外の方との付き合いをスムーズに進めるための大切な文書です。
誠意を尽くして、形式に則りながら礼儀正しい文書を作成しましょう。

▶ 社外文書（社交文書）のポイント

　日頃からお付き合いのある取引先へ送る挨拶状や招待状、祝賀状など、ビジネスの現場でやり取りされる文書の中でも、儀礼的な意味合いが強いものが社交文書です。請求書や見積書などのように、実際的な業務と直結していないかもしれませんが、お祝いやお礼の気持ちを表すことで、先方との信頼関係を築くために重要な役割を果たしてくれます。

● 書式に則って、体裁のよい文書を心がける

社交文書は形式に沿って作成します。前文や末文は一定の"型"に従いながらも、主文では自らの言葉で、先方の心に響くような思いやりを表すとよいでしょう。

● 「忌み言葉、重ね言葉」を使わない

お祝いやお見舞い、お悔やみの文書では、縁起が悪いとされる「忌み言葉」、文書によっては同じ意味の言葉を繰り返す「重ね言葉」を使わないように心がけることが大切です。儀礼を重んじる社交文書の基本的な知識として、細心の注意を払いましょう。

注意が必要な「忌み言葉」

- お祝いの忌み言葉（共通）…切れる、衰える、終わる、落ちる、死など
- 新築祝い、開店祝い…焼ける、倒れる、壊れる、潰れる、閉じる、傾くなど
- 結婚祝い…飽きる、別れる、壊れる、割れる、重ねる、再び、帰るなど
- お悔やみ・お見舞い…また、再び、重ねる、四（死）、九（苦）など

▶ 社外文書（社交文書）の基本

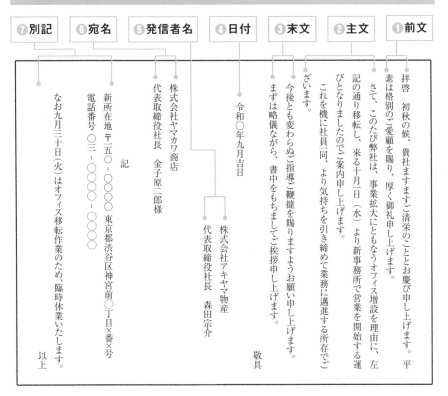

❼別記　❻宛名　❺発信者名　❹日付　❸末文　❷主文　❶前文

なお九月三十日（火）はオフィス移転作業のため、臨時休業いたします。

以上

記

電話番号　〇三‐〇〇〇〇‐〇〇〇〇

新所在地　〒五〇‐〇〇〇〇　東京都渋谷区神宮前〇丁目×番×号

記

株式会社ヤマカワ商店

代表取締役社長　金子原二郎様

令和〇年九月吉日

代表取締役社長　森田宗介

株式会社アキヤマ物産

まずは略儀ながら、書中をもちましてご挨拶申し上げます。

今後とも変わらぬご指導ご鞭撻を賜りますようお願い申し上げます。

敬具

ざいます。

これを機に社員一同、より気持ちを引き締めて業務に邁進する所存でご

びとなりましたのでご案内申し上げます。

記の通り移転し、来る十月二日（水）より新事務所で営業を開始する運

さて、このたび弊社は、事業拡大にともなうオフィス増設を理由に、左

素は格別のご愛顧を賜り、厚く御礼申し上げます。

拝啓　初秋の候、貴社ますますご清栄のこととお慶び申し上げます。平

第5章　社外文書（社交文書）の基本

---

❶ 前文 ……… 「拝啓」「謹啓」などの頭語から、時候の挨拶、慶賀の挨拶、感謝の挨拶などを省略しないで書きます。

❷ 主文 ……… 「さて」「ところで」などを書いてから、本題に入ります。」

❸ 末文 ……… 結びの挨拶を書いて、「敬具」などの結語で終わらせます。

❹ 日付 ……… 文書を発信する日付を書きます。

❺ 発信者名 ……… 発信者の会社名、部署名、肩書、氏名を記します。

❻ 宛名 ……… 先方の会社名、部署名、肩書、氏名を記します。「様」など敬称を必ずつけます。

❼ 別記 ……… 主文で伝えきれなかった詳細についてまとめます。「記」の位置は、中央よりやや上に記入し、最後は「以上」と書いて締めくくります。

44 挨拶状

▶ 挨拶状の基本とマナー

関係各位

支店開設のご挨拶

拝啓　時下ますますご隆昌のこととお慶び申し上げます。平素は格別のご高配をいただき、厚く御礼申し上げます。

　さて、このたび弊社では、山手線の目白駅前に支店を開設し、下記の通り、営業開始の運びとなりました。これもひとえに皆様のお引き立ての賜と深く感謝しております。

　これにより、いままで何かと不便をおかけしておりました目白駅近隣の皆様の様々なご要望にお応えできるようになります。今後、弊社の新支店が皆様のお役に立てば幸甚でございます。

　今後とも、一層のご愛顧とお引き立てを賜りますよう、心からお願い申し上げます。

　ひとまず略儀ながら書面をもって、ご挨拶申し上げます。

敬具

令和○年 9 月 10 日

株式会社ヤマモトホームズ
目白駅前支店　支店長　佐々木大輔

記

営業開始　　令和○年 10 月 1 日
所在地　　　〒171-0031
　　　　　　東京都豊島区目白○丁目×番×号
　　　　　　　　　　（地図をご参照下さい）
電話　　　　03-○○○○-○○○○

以上

> 日頃の感謝の気持ちを述べます。

> 支店の代表として、支店長の名前で挨拶状を出します。

> 伝えるべき情報は別記とし、わかりやすいようにします。

このような時に送る　会社設立、社名変更、社長就任、人事異動、廃業、転職、退職などがあった時。

目的　会社や個人の新たな動向を先方に伝えて、理解してもらうため。また、今まで以上に関係を良好に保つため。

基本とマナー　日頃の感謝を示し、相手への敬意をしっかり伝えましょう。出す際には、各取引先に一斉に出します。また、手書きのひと言を添えると効果的です。署名だけでも手書きにすると印象がよくなります。

社屋移転の挨拶

本社移転のご挨拶

拝啓　時下ますますご盛栄のこととお慶び申し上げます。平素は格別のお引き立てにあずかり、厚く御礼申し上げます。

　さて、このたび弊社では、業務効率化のため、本社を下記に移転することになりました。つきましては、社員一丸となりサービスの向上に努めてまいりますので、なにとぞ一層のご支援、ご協力を賜りますよう、お願い申し上げます。

　まずは略儀ながら、御礼かたがたご挨拶申し上げます。

敬具

令和○年 8 月 1 日
株式会社長坂建設
代表取締役社長　五反田芳雄

記

新住所	〒102-○○○○　東京都千代田区平河町○丁目×番×号
電話	03-○○○○-○○○○
移転日	令和○年 9 月 30 日（金）～令和○年 10 月 3 日（日）
業務開始日	令和○年 10 月 4 日（月）

以上

書き換え表現

● これまで、交通事情等により、皆様にご迷惑をおかけしてきたため、

移転のスケジュールと、移転後の業務開始の日付を明記しておきます。

新会社設立の挨拶

新会社設立のご挨拶

謹啓　春陽の候、貴社ますますご隆昌のこととお慶び申し上げます。平素は格別のお引き立てを賜り厚く御礼申し上げます。

　さて、このたび弊社では、業務の改善を図るため IT ソリューション部門を分離・独立させ、下記の通り、新会社を設立することとなりました。今後、より充実したサービスを皆様方にご提供できるよう、社員一同、全力で社業に取り組む所存でございます。

　新会社に対しましても、より一層のご指導、ご鞭撻のほど、なにとぞよろしくお願い申し上げます。

　まずは略儀ながら、書中をもってご挨拶申し上げます。

謹白

平成○年 4 月 1 日
株式会社大山コバックス
代表取締役社長 沢田二郎

記

新会社	株式会社大山テクノサービス
所在地	〒350-○○○○　埼玉県狭山市入曽○丁目×番×号
電話	04-○○○-○○○○
代表取締役	高橋禮次郎

以上

新会社は、何の業種をメインとする会社であるのか記しておきます。

新会社の名称とともに、所在地、代表者名、役員名など詳細をわかりやすく明記します。

社名変更のご挨拶

拝啓　貴社益々ご隆昌のこととお慶び申し上げます。平素はひとかたならぬご高配を賜り、厚く御礼申し上げます。

　さて、このたび弊社は株式会社柳本自動車と合併し、下記の通りに社名を変更することにいたしました。

　皆様におかれましては、ご不便をおかけすることになり、誠に恐縮ではありますが、どうぞご理解賜りますよう、お願い申し上げます。

　今後は両社の特徴を活かして、より優れた製品を開発し、皆様のもとへお届けできるよう努力してまいります。これを機に、社員一同、初心にかえり、業務に取り組む所存でございます。

　この上は、新会社に対しまして、倍旧のご支援を賜りますよう、なにとぞよろしくお願い申し上げます。

　まずは、略式ながら書中をもって合併ならびに社名変更のご挨拶を申し上げます。

敬具

令和○年 10 月吉日
株式会社タキガワ自動車
代表取締役社長　山之上健次郎

記

新社名　株式会社ロイヤル自動車
変更日　令和○年 6 月 1 日

以上

社名が変更となった経緯を簡潔に記します。

変更への理解を求め、ご迷惑をかけることをお詫びします。

新社名と変更する日程は必ず明記します。

支店長着任の挨拶

拝啓　秋冷の候、ますますご発展のこととお慶び申し上げます。平素は格別のご愛顧を賜り厚く御礼申し上げます。

　　　　　　　　　　　　　　さて、私儀

このたび、十月一日をもちまして、弘前支店長に着任いたしました。謹んでここにご報告いたします。

微力ではございますが、精一杯努力してまいりますので、今後とも前任者同様、ご支援、ご厚情賜りますよう、よろしくお願い申し上げます。

まずは略儀ながら、書面にて新任のごあいさつ申し上げます。

敬具

令和○年十月三日

株式会社二宮ホーム販売
弘前支店　支店長　甲斐圭二郎

「さて、私儀」「さて、私こと」は行の下に置きます。

書き換え表現
● 身に余る重責ではございますが、

担当者変更の挨拶

拝啓　貴社いよいよご発展の由、大慶に存じます。平素は格別のお引き立てにあずかり心より御礼申し上げます。

　さて、このたび弊社で行われた人事異動にともないまして、貴社担当の足立由伸が西千葉支部勤務となり後任として、福浦竜太郎と申す者が貴社を担当させていただくことになりました。

担当者の交代によって、貴社にご迷惑をおかけしないよう、万全の引き継ぎを行いました。今後も誠心誠意、ご期待にお応えする所存ですので、ご理解くださいますよう、よろしくお願いいたします。

また、近日中に新担当者をご挨拶に伺わせますので、ご引見のほど、なにとぞよろしくお願い申し上げます。

まずは略儀ながら、書中にて担当者交代のご挨拶を申し上げます。

敬具

令和○年十月三日

株式会社小山オフィスサービス
営業部長　河本由子

担当者交代の理由を記します。

前任の担当者と同じく取引できるように、引き継ぎには万全を期したことを伝えます。

謹啓　盛夏の候、貴社におかれましては、いよいよご隆盛の段、お慶び申し上げます。

平素は格別のご高配を賜り、厚く御礼申し上げます。

さて　私ことこのたびの株主総会および取締役会の決議により、代表取締役社長に選任され、七月一日をもって、就任することとなりました。

つきましては、浅学非才の身ではございますが、今後、前社長の方針を受け継ぎ、誠心誠意、社業のために精励いたす所存でございます。

なにとぞ、今後とも一層のご指導、ご鞭撻を賜りますよう、心よりお願い申し上げます。

まずは略儀ながら書面にて、就任のご挨拶を申し上げます。

謹白

令和〇年七月一日

株式会社岡安製作所
代表取締役社長　平山理太郎

先方にこれまでの感謝を伝える姿勢を示すとともに、今後の支援もお願いします。

就任した理由や、どのような役職に就くのかを記します。

社長就任の挨拶状は、特に礼儀が重視されます。頭語には「拝啓」よりも、より丁寧な「謹啓」を使うほうがよいでしょう。その場合、結語は「謹白」「敬白」などを使います。

書き換え表現
● 社業の発展に全力を尽くして臨む所存でございます。

役員就任の挨拶

謹啓　麗春の候、貴社におかれましては、いよいよご隆昌のこととお慶び申し上げます。

平素は格別のご高情を賜り、心より御礼申し上げます。

さて、このたび六月二十四日開催の弊社定時株主総会および取締役会におきまして、弊社の役員が変更になり、左記の通り、それぞれの役職に就任いたしたので、ご報告申し上げます。

今後とも、役員、社員一同、より一層社業の発展に努力いたす所存でございますので、ご支援、ご厚情を賜りますよう、どうぞよろしくお願いいたします。

まずは略儀ながら書面にて、ご挨拶申し上げます。

謹白

令和〇年四月一日

株式会社マスモリ合成
代表取締役社長　平山玲里

記

取締役副社長　太田由子
常務取締役　　島田詠一朗
監査役　　　　米澤忠雄

以上

書き換え表現

● 私ども一同、一層の業績向上に精神誠意努力してまいる

本来であれば伺って挨拶をすべきことであるので、書中での挨拶となる非礼をお詫びします。

役員が複数変更となった場合は、別記にしてまとめるとわかりやすくなります。

独立開業の挨拶

謹啓　時下益々ご清栄のこととお喜び申し上げます。

さて、私こと

このたび株式会社富士山ビューティーを円満退社し、化粧品販売を専業とする株式会社サンライズ美創を開業するに至りました。

富士山ビューティー在職中は、公私にわたり格別のご厚誼をいただき、深く御礼申し上げます。

開業に当たりましては不安もありましたが、富士山ビューティーのご支援が、設立の運びとなりました。

新会社では、富士山ビューティーでの経験を活かし、皆様のお役に立てるよう誠心誠意努力してまいりますので、多少にかかわらず、ご用命くだされば幸甚でございます。

未熟者ではございますが、今後ともより一層のご支援とご交誼のほどをよろしくお願い申し上げます。

まずは略儀ながら、書面にて御礼かたがた開業のご挨拶を申し上げます。

謹白

令和○年三月一日

株式会社サンライズ美創
代表取締役　越智麗子

挨拶状の中で退社の理由を示す必要はなく、「円満退社」と記します。

退社前にお世話になった取引先やお客様にお礼を述べます。

転職の挨拶

拝啓　秋麗の候、ますますご健勝のこととお慶び申し上げます。

さて、私こと

九月末日をもちまして、七年間お世話になりました株式会社テクノ川村を円満退社し、六月七日より株式会社島村データに入社いたしました。

株式会社島村データ在職中はひとかたならぬお引き立てにあずかり、誠にありがとうございました。厚くお礼申し上げます。

今後は、前職の経験を活かし、日々奮励してまいる所存ですので、なにとぞ倍旧のご指導ご鞭撻をよろしくお願いいたします。

本来ならば、参上いたしてご挨拶を申し上げるべきところ、略儀ながら書面にてご挨拶申し上げます。

敬具

令和○年十月九日

横地裕翔

勤務先　株式会社テクノ川村
東京都港区赤坂○丁目×番×号
電話○三─○○○○─○○○○

自宅　東京都台東区上野○丁目×番×号
電話○三─○○○○─○○○○

挨拶状の中で退社の理由を示す必要はなく、「円満退社」と記します。

退社前にお世話になった取引先やお客様にお礼を述べます。

転勤の挨拶

拝啓　立春の候、貴社益々ご隆盛のこととお慶び申し上げます。平素はひとかたならぬご愛顧を賜り誠にありがとうございます。

　さて　私こと

二月一日付けをもちまして、松山支店勤務を命じられ、このほど着任いたしました。

金沢支店在任中は、公私にわたり格別のご高配を賜り、厚く御礼申し上げます。金沢での経験を活かし、今後は当地にて業務に精励いたす所存です。

つきましては、今後とも変わらぬご指導ご鞭撻を賜りますよう、心よりお願い申し上げます。

まずは略儀ながら、書面にてご挨拶申し上げます

敬具

令和〇年二月一日

株式会社サイトウ理工販売　松山支店

兼成恭一郎

愛媛県松山市二番町〇丁目×番×号

電話〇八九一〇〇〇〇一〇〇〇〇

> 着任した日付と新しい勤務地を記します。

> お世話になった相手へのお礼と、今後の変わらないお付き合いの気持ちをあらわします。

退職の挨拶

拝啓　浅春の候、皆様におかれましては、ますますご清祥のことと拝察いたします。

　さて　私こと

三月末日をもちまして、東京現代セラミック株式会社を定年退職いたしました。在任中はひとかたならぬご交誼にあずかり、誠にありがとうございます。ここに深くお礼を申し上げます。

今後は家業の農家を継ぐことになりますが、これまで賜った皆様からのご指導ご鞭撻を忘れることなく、鋭意努力いたす決意です。

末筆ながら、皆様のご健康とご多幸のほどをお祈り申し上げ、これからも変わらぬご厚誼を賜りますよう、お願い申し上げます。

まずは略儀ながら、書面にてお礼と退職のごあいさつを申し上げます。

敬具

> 退職後の予定についてふれておきます。

> 退職前と変わらぬお付き合いをお願いします。

173

45 季節の挨拶状

▶ 季節の挨拶状の基本とマナー

謹んで新年のお慶びを申し上げます

旧年中は格別のご高配を賜り　厚く御礼申し上げます

これからも皆様のご期待にお応えできるよう

社員一同　努力してまいります

本年も倍旧のお引き立てを賜りますよう

よろしくお願い申し上げます

令和○年元旦

山田建設株式会社

代表取締役　尾形賢太郎

冒頭の挨拶は
あらたまった表
現で、本文より
も大きい文字を
使います。

日頃のお世話
になっている御
礼を伝えます。

今年も一年、
変わらない付き
合いを、年賀
状でお願いしま
す。

このような時に送る	年賀やお中元、お歳暮などを、季節の節目に送る時。
目的	ビジネスでのコミュニケーションで、良好な人間関係を保つため。また、日頃、合う機会が少ない相手と関係を保ち続けるため。
基本とマナー	それぞれの季節ごとのタイミングが遅れないようにします。丁寧な文字で日頃の感謝を述べましょう。

年賀状①

謹賀新年

旧年中はひとかたならぬご厚志を賜り
まことにありがとうございます
本年もより一層　仕事に精進し
皆様のご期待にお応えできるよう
努力してまいります
本年も倍旧のご高配を賜りますよう
よろしくお願い申し上げます

令和○年元旦

株式会社ヨコタ無線
企画部　佐藤孝太郎

書き換え表現
- 恭賀新年
- 謹んで新年の祝詞を申し上げます

書き換え表現
- 旧年中はひとかたならぬお世話をいただき、深く感謝申し上げます

年賀状②

あけまして
おめでとうございます

昨年は格別のお引き立てにあずかり
厚く御礼申し上げます
本年もより一層のご愛顧のほど
よろしくお願い申し上げます

令和○年一月一日

古橋電気工事店
古橋洋子

一年間、お世話になった取引先に感謝の気持ちを伝えます。

書き換え表現
- 本年も倍旧のご指導ご鞭撻を賜りますようお願い申し上げます

喪中欠礼

喪中につき年末年始のご挨拶を
ご遠慮させていただきます

去る七月八日　祖母涼子儀　享年八十八歳にて永眠
いたしました
皆様には平素よりご厚情をいただきましたことを深
く感謝申し上げるとともに　良き新年をお迎え下
さいますよう謹んでお祈り申し上げます

令和〇年十二月

〒一〇七-〇〇〇〇
東京都港区赤坂〇丁目×番×号

山村洋子

喪中の場合、個人的な年賀状は控えますが、ビジネス上の年賀状は出すこともあります。

書き換え表現
● 皆様には故人の生前に賜りましたご厚情に対し深く御礼申し上げますとともに　明年も変わらぬご交誼をよろしくお願い申し上げます

寒中見舞い

寒中お見舞い申し上げます

平素は格別のご愛顧を賜りまして、
誠にありがとうございます。
松がとれてからめっきり寒さが加わ
り、底冷えのする毎日が続いており
ます。
どうか皆様にはご自愛専一に、厳しい
季節を乗り越えられますようお祈
り申し上げます。
今後も一層のお引き立てを賜ります
ようお願い申し上げます。

相手の体調を気づかう言葉を必ず入れます。

寒中見舞い（喪中の方への挨拶）

寒中お見舞い申し上げます

ご服喪中と存じ　年始のご挨拶を失礼させていただきました

ご家族の皆様には静かにご越年のこととお察し申し上げます

入社以来　三島様には大変お世話になりながら

お返しもできぬままお別れすることになってしまいました　謹んでご冥福をお祈り申し上げます

季節柄　くれぐれもお体を大切にお過ごしください

書き換え表現
● ご服喪中との由　承り　念頭のご挨拶を控えさせていただきました

書き換え表現
● 向寒の折　くれぐれもご自愛なさりますようお祈り申し上げます

寒中見舞い（喪中の方への挨拶）

寒中お見舞い申し上げます

この度はご丁寧にお年始のご挨拶をいただき、ありがとうございます。

新年のご挨拶が遅くなり申し訳ございません。

昨年九月に祖父修司が亡くなり、服喪中のため、新年のご挨拶を差し控えさせていただきました。ご通知が遅れましたことを、どうぞお許し下さい。

今年は例年になく寒さが厳しくなるようです。皆様におかれましては、体調などくずされぬよう、くれぐれもご自愛のほどお祈り申し上げます。今後も変わらぬご指導ご鞭撻のほど、よろしくお願い申し上げます。

服喪中の方への返信のため、「お年始の」「新年の」という言葉を使います。「お年賀」「賀」の字は、おめでたい意味を表すため使いません。

服喪中であることを説明して、年始の挨拶を失礼したことについてお詫びします。

暑中お見舞い申し上げます

日頃は格別のご愛顧を賜り、誠にありがとうございます。

暑さ厳しい折ですが、皆様におかれましてはいかがお過ごしでしょうか。

大変勝手ではございますが、弊社では八月十一日（火）から十四日（金）まで夏期休業とさせていただきますので、ご高承のほどお願い申し上げます。

末筆ながら、くれぐれもご自愛のほどお祈り申し上げます。

令和〇年盛夏

株式会社乙坂ケミカル
代表取締役　石田幸太郎

書き換え表現
● 平素はひとかたならぬお引き立てにあずかり、厚く御礼申し上げます。

残暑お見舞い申し上げます

まだまだ暑さ厳しき折ですが、皆様におかれましてはますますご健勝のこととお喜び申し上げます。

日頃より、格別のご高配を賜り、誠にありがとうございます。

今夏も残暑は厳しくなると予報されております。

皆様ご自愛のうえ、この夏を乗りきられることを祈念いたします。

令和〇年晩夏

東峯建築株式会社
安河内五郎

書き換え表現
● 残暑厳しき折、皆様のご無事息災をお祈り申し上げます。

お中元のご挨拶

拝啓　盛夏の候、貴社ますますご隆昌のこととお慶び申し上げます。平素は格別のお引き立て、ご愛顧を賜り、厚く御礼申し上げます。

おかげさまをもちまして、弊社経営も順調に推移いたしており、あらためて感謝申し上げます。

つきましては、日頃のご芳情に謝意を表したく、心ばかりのお中元の品をお届け申し上げます。ご笑納いただけば幸いに存じます。

今後とも変わらぬご配慮のほど、よろしくお願い申し上げます。

まずは、書中にてご挨拶まで。

敬具

> お中元やお歳暮の挨拶では、必ず時候の挨拶を入れます。

書き換え表現
● 日頃のご厚情への感謝のしるしに、ささやかではございますがお中元をお送りいたしました。

お歳暮の挨拶

拝啓　歳末ご繁忙の折、ますますご盛栄のこととお慶び申し上げます。本年も格別のお引き立てをいただき、心から御礼申し上げます。

おかげさまで、本年もつつがなく業務を進展させることができました。厚く御礼申し上げます。これもひとえに皆様の格別のご支援の賜物と、心より感謝申し上げます。

つきましては感謝の気持ちを込め、ささやかではございますが、お歳暮のしるしまでに別便をもって粗品をお届けいたしました。ご笑納いただければ幸いに存じます。

まずは、取り急ぎ書中にてご挨拶まで。

敬具

> 一年間、お世話になった感謝の気持ちを伝えます。

書き換え表現
● 皆様ますますのご発展をお祈りし、歳末のご挨拶を申し上げます。

46 招待状

▶ 招待状の基本とマナー

令和○年 9 月 20 日

取引先各位

株式会社リーチトラスト
代表取締役社長 福浦隆矢

拝啓　初秋の候、ますますご繁栄のこと拝察いたします。日頃は格別のお引立てを賜り、厚くお礼申し上げます。

　さて、このたび弊社は和歌山支店を開設し、10 月 15 日（木）より業務を開始する運びとなりました。これもひとえに皆様の温かいご支援の賜物と心から感謝する次第でございます。

　つきましては、下記のとおり支店開設披露の小宴を催したく存じます。ご多用中、誠に恐縮ではございますが、なにとぞご来臨賜りますようお願い申し上げます。

　　まずは略儀ながら、書中にてご案内申し上げます。

敬具

記

1. 日時 令和○年 10 月 20 日（火）午後 3 時〜6 時
2. 場所 和歌山ビューホテル（別紙地図参照をご覧ください）
　なお、お手数ながら同封はがきにて、10 月 10 日（土）までに
ご出欠をお知らせください。

以上

> 招待状は、催し開催日の 1ヵ月〜3 週間前に届くようにします。

> 押しつけがましくならないよう、謙虚な姿勢でお願いします。

> 地図、住所、電話番号、所要時間や駐車場の有無などを別記に記します。

このような時に送る	落成式や開設記念、送別会などの行事や式典、イベントに招待する時。
目的	日ごろお世話になっている取引先に催しに参加してもらい、より良好な関係を維持するため。
基本とマナー	相手の都合を考慮して、催しの 3 週間〜1ヵ月前には招待状が届くようにします。出欠の連絡方法を明確にしましょう。とくに返信期限は必ず明記します。

180

新社屋落成披露宴への招待

令和○年2月1日

取引先各位

アリモト物産株式会社

代表取締役社長　飯塚真琴

謹啓　立春の候、いよいよご清栄のこととお慶び申し上げます。平素は格別のお引き立てをいただき厚く御礼申し上げます。

　さて、弊社ではかねてより、さいたま市に新社屋を建設中でございましたが、おかげさまにて、このほど完成の運びとなりました。工事中は大変ご迷惑をおかけしましたが、来る2月28日より新社屋にて業務を開始いたします。これもひとえに皆様方の厚いご支援、ご愛顧の賜と心より感謝申し上げます。

　つきましては、下記の通り、新社屋のご案内かたがた、小宴を催したく存じます。ご多用中、誠に恐縮ではございますが、ご光来賜りますようお願い申し上げます。

　まずは略儀ながら、書中にてご案内申し上げます。

謹白

記

日時 ：2月24日（土）午後5時〜7時

場所 ：当社新社屋（別紙案内図をご覧下さい）

なお、お手数でございますが、同封のはがきにご出席の有無をご記入のうえ、2月12日までにご返信賜りますようお願い申し上げます。

以上

相手への感謝の気持ちを記します。

具体的な返信方法や期限を明記して、相手がスムーズに参加しやすいようにする。

ゴルフコンペの招待

拝啓　秋涼の候、皆様にはますますご清栄のこととお慶び申し上げます。いつも何かとお引立てを賜り、厚くお礼申し上げます。

　さて、このたび弊社では、日頃のご厚情に感謝いたしまして、下記のとおりゴルフ大会を開催することにいたしました。

　皆様には、緑豊かな環境でリフレッシュしていただければ幸いに存じます。

　なお、競技終了後、心ばかりではございますが懇親会を予定しております。ご多忙中恐れ入りますが、ぜひともご参加のほどよろしくお願い申し上げます。

敬具

記

1. 日時　令和○年9月15日（土）午前8時集合・9時スタート
2. 場所　ロイヤル西千葉グランドゴルフクラブ（別紙参照）
3. 賞品　優勝・2位・3位・BB、商品は薄型TVなど多数

　なお、同封はがきにて、9月10日（月）までに出欠のご都合をお知らせいただけますようお願い申し上げます。

以上

書き換え表現
- 日頃より厚いご支援をいただいております皆様に、慰労と親睦の意を込めまして、

今回の催しに込めたねぎらいの気持ちを伝えます。

招待状への返信（出席の場合）

拝復　ゴルフコンペ開催のご案内、誠にありがとうございます。

　喜んで出席させていただきます。

　貴社のゴルフコンペでは、皆様と共にプレーを楽しめるばかりでなく、普段なかなかお会いできない方との親交も深められ、毎年心ゆくまで楽しませていただいております。今年も当日を心待ちにいたしております。

　まずは取り急ぎご返事まで。

敬具

招待状への返信であるため、頭語は「拝復」を使います。

招待していただいたお礼と、イベントを楽しみにしていることを伝えましょう。

送別会のご案内

拝啓　皆様ますますご健勝のこととお慶び申し上げます。このたび弊社広告部次長・二瓶修一氏が9月末日をもって退職され、ご実家の旭川市へ移られることになりました。

　つきましては、これまでの感謝と新しい門出への祝福の思いを込めまして、下記のとおり、送別の宴を開催したいと思います。

　皆様にはご多忙のことと存じますが、万障お繰合せのうえ、なにとぞご出席くださいますようお願い申し上げます。

敬具

記

1. 日時　令和○年10月25日（金）午後6時〜8時
2. 場所　堂島パークホテル15階　長安飯店
　　　　　（別紙地図参照）

　なお、同封のはがきにて、10月18日（金）までにご都合のほどお知らせいただきますようお願い申し上げます。

以上

役員が組織を離れるときは「退任」、それ以外の管理職、社員は「退職」と、使い分けましょう。

拝復　二瓶修一氏送別会のご案内状を拝受いたしました。

　ご在職中は大変お世話になり、氏の送別会には出席すべきところですが、当日はやむなき事情により、欠席とさせていただきます。くれぐれもよろしくお伝えください。

　なお、二瓶氏へは後日、ご挨拶に伺う所存です。本会の盛会を心よりお祈り申し上げます。

敬具

書き換え表現
● 出席することがかないません。

特別な事由がないようなら、欠席に理由を詳しく記す必要はありません。

第5章　社外文書（社交文書）の基本

183

47 紹介状

紹介状の基本とマナー

拝啓　時下ますますご隆盛のこととお慶び申し上げます。日頃は格別のご厚情にあずかり厚く御礼申し上げます。

　さて、突然で失礼とは存じますが、私と同業の伊藤ホームズ株式会社の本堂雄二氏をご紹介したく、お手紙差し上げました。同氏とは10年来の長いつき合いでして、これまでも多くの事業を協力して手がけてまいりました。

　同氏は関西、ならびに四国地方を拠点に、長年にわたりその道で経験を積んできました。業界の事情にも大変詳しく、また仕事熱心で信頼できる人物です。

　このたび、ぜひ貴社を紹介してほしいとのことですので、ご紹介申し上げる次第です。

　ご多用のところ恐縮ですが、なにとぞご引見のほどお願い申し上げます。

　まずは取り急ぎ、書中にてご紹介まで。

敬具

紹介する人や会社と自分との関係を記します。

紹介する人の長所や、紹介する会社の実績などを明記します。具体的例を加えるといいでしょう。

紹介する人に会ってもらえるように丁重にお願いします。

このような時に送る　人物や会社の紹介を人から依頼された時。または、自ら紹介する時。

目的　ビジネス上でのネットワークを拡大させる。人や会社を紹介することで信頼関係を強めるため。

基本とマナー　なぜ、その人物や会社を紹介するのか、理由や目的をはっきりと伝えましょう。紹介された側が判断できる材料（人物の能力や会社の実績など）は、なるべく詳しく伝えるようにします。

取引先の紹介

令和〇年 11 月 25 日

株式会社絹田オフィス販売
総務部長　野田額志様

株式会社ファイン商事
取締役営業部長　平田孝一

　拝啓　晩秋の候、貴社ますますご清栄のこととお慶び申し上げます。日頃は格別のご高配にあずかり、厚くお礼申し上げます。

　さて突然で恐縮ですが、弊社の取引先である東洋商事株式会社の営業部長井上一馬氏をご紹介申し上げます。

　同社は、関西地方においてOA、文具を中心に業務を展開しておられる中堅商社で、昨今の厳しい経済環境にもかかわらず年々着実に売上げを伸ばしております。

　同部長とは、仕事上十数年のお付合いがあり信頼できる方であります。このたび同部長が御地へ販路拡張のため出張されることになり、貴社への紹介を熱望されましたので、ご紹介申し上げる次第です。

　ご多用のところ誠に恐れ入りますが、よろしくご引見、ご高配くださいますようお願い申し上げます。

　まずは略儀ながら、ご紹介かたがたお願い申し上げます。

敬具

紹介する会社の実績や規模、信用度などを具体的に伝えます。

書き換え表現
● 業界でも高い評価を得ており、また、銀行や地元からも信頼の厚い会社です。

自社とのつきあい、これまでの関係を伝えます。

なぜ、今回紹介するに至ったのか、その経緯もわかりやすく伝えます。

販売店の紹介

令和○年6月2日

株式会社藤川実業
代表取締役　下柳哲也 様

株式会社オーリスサービス
代表取締役　大村城之介

拝啓　時下ますますご隆昌のこととお慶び申し上げます。平素は格段のご愛顧をいただき、厚く御礼申し上げます。
　さて、先日お伺いさせていただいた際、信頼できる販売店をお探しと承りましたので、伊坂商会株式会社の飯星孝一氏をご紹介いたします。
　同社とは販売代理店として、五年以上にわたり取引させていただいております。これまで、トラブルは一度もなく、誠実で信頼できる会社です。
　同社も貴社とのお取引を希望しておりますので、ご多忙のところ恐縮ですが、なにとぞご面談いただければ幸いに存じます。
　まずは取り急ぎ、書中にてご紹介申し上げます。

敬具

> 今回、紹介する理由を示します。

書き換え表現
● 販売実績も伸び続けており、確かな販売力をもった会社です。

社員（後任者）の紹介

拝啓　貴社ますますご隆昌のこととお喜び申し上げます。平素は格別のご愛顧を賜り心より御礼申し上げます。
　さて、本状を持参いたすものは、弊社サービス営業部の野田晴馬と申します。このたび、貴社担当森谷恒生の後任として、貴社をご担当させていただきます。
　野田はこれまで新潟の営業部で5年の経験を積んでまいりました。まだ若輩で行き届かないところもあるかと存じますが、前任者同様、ご指導賜りますよう、よろしくお願い申し上げます。
　まずはご紹介かたがたよろしくお願い申し上げます。

敬具

> 紹介状を持参する後輩がどのような人物であるか詳細を伝え、今後の指導をお願いします。

書き換え表現
● 本来ならば参上のうえ、ご挨拶申し上げるべきところを、失礼ながら書面にてご紹介かたがたお願い申し上げます。

186

下請け企業の紹介

令和〇年 3 月 18 日

株式会社平岩テクノ機器
代表取締役社長　鈴本飛鳥 様

株式会社竹林興業
代表取締役　原田俊吾

拝啓　貴社益々ご盛栄のこととお慶び申し上げます。平素は格別のお引き立て、ご愛顧を賜り、厚く御礼申し上げます。

　さて、先日、技術の確かな下請け業者をとのお話をお伺いいたしましたので、弊社と長年取引をしております株式会社斎藤金属工業をご紹介申し上げます。

　同社は創業以来三十年の実績をもつ会社で、精密加工の分野では非常に高い評価を得ております。弊社も多くの部品を同社に依頼しており、納期も確実で信頼できる会社です。

　この際、同社も貴社のお手伝いをさせていただきたいと強く望んでおり、必ずやご期待にそえることと存じます。

　ご検討のほど、よろしくお願いいたします。

　ご多用中、誠に恐縮ではありますが、まずは一度ご引見のうえ、よろしくご高配賜りますようお願い申し上げます。

敬具

紹介する会社の特徴が、先方の希望に合っていることを伝えます。

書き換え表現

● 近いうちに同社社長斎藤友和氏よりご引見の申し込みがあると存じますので、ご高配のほどよろしくお願い申し上げます。

第**5**章

社外文書（社交文書）の基本

48 推薦状

▶ 推薦状の基本とマナー

令和○年2月2日

株式会社竹田カーセンター
大渕光一 様

株式会社宮本サービス
小林大河

拝啓　立春の候、貴社ますますご隆昌のこととお慶び申し上げます。平素はひとかたならぬお引き立てにあずかり、厚くお礼申し上げます。
　さて、過日お会いした折に中古車販売部門のマネージャーとしてふさわしい人物を紹介して欲しいと依頼がございましたので、さっそくですが、下川竜二氏をご紹介いたします。
　当人は、コバヤシ自動車株式会社に8年ほど勤務し、現在は北関東地区を中心に、中古車の仕入れ業務をしております。また、その分野では確実に実績をあげており、お客様からの評判もよく、温厚、誠実な人柄は、貴社販売部門マネージャーとして申し分ない人物であると確信しております。当人も、新たなステージでマネージメントにも挑戦していきたいと希望しております。
　つきましては、経歴書を同封いたしますので、お目通しくだされば幸いです。ご多忙中とは存じますが、ご引見のうえ、よろしくお願い申し上げます。ご連絡をいただければ、さっそく本人を伺わせますのでよろしくお願いいたします。
　まずは書面にて、ご推薦申し上げます。

敬具

推薦する人物の現職や実績などを明記して、先方の希望に合うことを伝えます。実績については具体的な情報を伝えましょう。

推薦する人物の履歴書や職務経歴書などを同封します。

このような時に送る　信頼できる人物や会社を取引先に推薦する時。

目的　取引先と、推薦する人物や会社とを引き合わせ双方にとってよい関係をつくる橋渡しをするため。

基本とマナー　推薦は紹介よりも責任が重くなります。信用できる人物や会社だけを推薦し、安請け合いをしないようにします。推薦する理由やセールスポイントを、より説得力をもたせるように伝えます。

人物の推薦

拝啓　寒冷の候、貴社ますますご隆昌のこととお慶び申し上げます。日頃は格別のお引き立てにあずかり深謝申し上げます。

　さて、過日、お伺いした際にご依頼のありました優秀な広報担当者の件ですが、株式会社水島物産の菊池星子氏をご推薦申し上げます。

　菊池氏は外資系のアパレルブランドで7年ほど広報課に勤務している女性です。弊社とも仕事上、数年来のお付き合いがございますが、広報の実務的な能力と仕事に対する真摯な姿勢につきましては保証いたします。貴社におかれましても期待通りの仕事をしてくれるものと存じます。詳しくは、履歴書を同封いたしましたので、お目通しのうえ、ご引見いただければ幸いに存じます。

　略儀ながら、書面にてご推薦申し上げます。

敬具

推薦する人の人物像については客観的に伝えます。

履歴書や経歴書を同封して、相手が判断しやすくなるようにします。

特約店の推薦

拝啓　時下ますますご繁栄のこととお慶び申し上げます。平素は格別のご愛顧を賜り、厚くお礼申し上げます。

　さてさっそくですが、このたび貴社が東海地区に新たな特約店を設けると伺いました。是非その特約店に、弊社と長年取引のある名古屋市のアサイ商店株式会社を推薦いたしたく、本状を差し上げる次第でございます。

　同社は創業二十年にわたり地元名古屋で実績を積み上げ、今では名古屋全域に有力な得意先を四十社以上もつ優良企業でございます。社長の浅井幸太郎氏は抜群の営業センスがある温厚な人物で多方面に顔が広く、必ずや貴社のお役に立てるものと存じます。

　つきましては会社概要を同封いたしましたので、ご検討いただければ幸いです。

　ご多用中とは存じますが、何卒ご引見のほどよろしくお願い申し上げます。

敬具

推薦する会社の実績や信用度を、なるべく具体的な情報とともに伝えます。

販売店の社長の人柄を説明すると、先方の判断材料の一つとなります。

49 祝い状

▶ 祝い状の基本とマナー

令和○年 10 月 11 日

山尾証券株式会社
代表取締役　加藤孝一 様

高山リアルエステート株式会社
代表取締役　大宮三郎

拝啓　仲秋の候、貴社ますますご盛栄のこととお喜び申し上げます。

　さて、このたびは高崎支店を開設されたとのこと、心からお祝い申し上げます。これもひとえに皆様方のご精励の賜物と深く敬意を表す次第でございます。

　今後ますますのご躍進を心からお祈りいたしておりますとともに、弊社といたしましても、微力ではございますが会社を挙げて支援させていただく所存でございます。

　なお、お祝いのご挨拶代わりに別送にて心ばかりの品をお届けいたしましたので、お納めくだされば幸いに存じます。

　略儀ながら書中をもってお祝いを申し上げます。

敬具

まず、新たな支店開設のお祝いの言葉を伝えます。

先方のこれまでの努力に敬意を表してお祝いとします。

先方の発展を願うとともに、こちらの誠意も伝えましょう。

このような時に送る　会社設立、支店開設、新社屋落成、役員就任、栄転や昇進、受賞などの相手にお祝いや喜ばしいことがあった時。

目的　相手の慶事を祝うことで、仕事上の関係をより良好にするため。

基本とマナー　先方の慶事がわかったら、正確な情報が確認して、すぐに送ります。これまでの苦労や努力を讃えて、相手を心からほめる言葉を入れましょう。今後の活躍を期待している旨も伝えるとよいでしょう。

会社設立のお祝い

謹啓　秋冷の候、貴社益々ご隆盛のこととお慶び申し上げます。平素は格別のご愛顧を賜り深謝申し上げます。

さて、新会社を設立されました由、誠におめでたく、心よりお祝い申し上げます。

このたびのご開業はまさに時宜を得たものと存じ、貴社の商機への積極的な姿勢に敬服いたす次第です。謹んで、新会社のご発展ならびに貴社のさらなるご躍進を祈念申し上げます。

また、弊社でなにかお役に立つことがございましたら、ご遠慮なくお申し付け下さい。

なお、別便にて、心ばかりのお祝いの品を送らせていただきましたので、ご収受賜れば幸いに存じます。

まずは取り急ぎ、書中をもってお祝い申し上げます。

敬白

令和○年十月九日

株式会社クイーンズ島根
代表取締役　岡島由美子

西川運送株式会社
代表取締役　西川健二郎　様

第**5**章
社外文書（社交文書）の基本

お祝いの品を送る場合は、最後にその旨を書きます。品物が到着するよりも先に知らせておくのがマナーです。

お祝いをする会社が取引先の場合は、力になれることを伝えるのもよいでしょう（ただし、押しつけがましくならないように注意します）。

会社の設立を祝い、今後のさらなる発展を祈念します。

社長就任のお祝い

謹啓　仲夏の候、貴社ますますご清栄のこととお慶び申し上げます。日頃は格別のご厚情を賜り、深く感謝申し上げます。

さて、この度は代表取締役社長に就任なさいました由、誠に喜ばしいことと、謹んでお祝い申し上げます。

以前から貴殿の卓抜な指導力は業界でも随一というお噂はかねがね伺っておりました。

今後は貴殿のお力をより一層発揮され、御社のご発展に必ずや寄与されるものと、確信しております。

今後はますますお忙しい日々になるかと存じます。くれぐれもご自愛の上、ご活躍されますことを祈念いたしております。

なお、少しばかりですがお祝いのしるしを送らせていただきましたので、ご笑納いただけましたら幸甚に存じます。

まずは略儀ながら書面をもちましてお祝いを申し上げます。

敬白

令和〇年七月十五日

株式会社オオツカ物産
代表取締役社長　蒲原陽一

大熊インペリアル株式会社
代表取締役社長　尾形俊一郎　様

健康を気づかい、思いやりの姿勢を示します。

今後も良好な関係を築くために、社長就任後の活躍を願う文書を書き添えます。

相手の魅力を誠実にほめえて、お祝いの中で伝えます。

栄転のお祝い

令和○年 4 月 2 日

達川ケミカル株式会社
名古屋支店長　栗田隆盛 様

株式会社茂木設計所
代表取締役　吉田正一

　拝復　春暖の候、益々ご健勝のこととお慶び申し上げます。平素は格別のご厚誼を賜り厚くお礼申し上げます。

　さて、このたびご丁寧なご挨拶をいただき、謹んで拝受いたしました。

　名古屋支店長にご栄転の由、心からお祝いを申し上げます。

　これもひとえに貴兄の仕事に対する真摯な姿勢と業績が高く評価されてのものだと拝察いたす次第です。

　当地ご在任中は、ひとかたならぬご指導ご鞭撻を賜り、誠にありがとうございました。今後も変わらぬお引き立てのほど、よろしくお願い申し上げます。

　新天地でのますますのご活躍をお祈り申し上げるとともに、お体には十分留意され、ご自愛なされますよう祈念いたしております。

　略儀ながら、書面にてご栄転のお祝いを申し上げます。

敬具

先に栄転の挨拶状を受け取り、返信する場合は頭語を「拝復」とします。

栄転は先方の努力によるものであると讃えます。

新天地での活躍と、健康を気づかう気持ちを込めましょう。

令和〇年9月2日

株式会社ナカタ建機
代表取締役　坂本健太 様

永井興産株式会社
代表取締役　小松原康太

拝啓　初秋の候、貴社いよいよご隆盛のこととお慶び申し上げます。日頃は格別のお引き立てを賜り、心からお礼申し上げます。

　さて、このたびの東京証券取引所市場第一部上場、誠におめでとうございます。

　これも、長年にわたる貴社の堅実な経営とたゆまぬご精進の賜物と感服いたしております。皆様の努力の賜物と敬意を評しますとともに、さらなるご発展をお祈り申し上げます。

　上場を機とされまして、より一層のご繁栄を遂げられますよう心からお祈り申し上げます。

およばずながら、弊社としても貴社を目標に精進努力して参りたいと存じます。

　まずは、略儀ながら書中をもってお祝い申し上げます。

敬具

取引先の朗報を入手したら、すぐにお祝いを伝えましょう。

上場に結びついたこれまでの先方の努力を称賛します。

開店のお祝い

令和○年 12 月 18 日

宮崎郷土料理店「日南海岸」
オーナー　山久保譲一 様

BCD フーズ株式会社

代表取締役　安田甚一

　拝復　寒冷の候、ますますご清栄のこととお慶び申し上げます。平素は格別のご高配を賜り誠にありがとうございます

　さて、このたび新宿区西新宿に宮崎郷土料理店「日南海岸」ご開店される由、誠におめでとうございます。

　競争の激しい外食産業界ですが、貴社が打ち出す産地と直接つながった新しい飲食業態は、今回も必ずや成功を収めるものと確信しております。

　オープン当日は天候にも恵まれ、大盛況となりますこと祈念しております。

　貴店のご成功を心よりお祈り申し上げ、略儀ながら書中にてお祝い申し上げます。

敬具

開店の挨拶状を受け取って返信する場合は、頭語を「拝復」とします。

開店や開業祝いの文書では、今後の発展や成功を祈る気持ちを伝えて、温かい激励の言葉で喜びを伝えましょう。

50

見舞い状

見舞い状の基本とマナー

令和〇年6月11日

株式会社ヤスナガ
代表取締役　小嶋壮一　様

株式会社山尾物産
代表取締役　小山一輝

急啓　ただいまの臨時ニュースにより貴地が地震に遭われ、甚大な被害を被っているとの報を知り、大変心配しております。
　御社ならびに社員の皆様はご無事でしょうか。皆様のご無事をお祈りするとともに、心よりお見舞い申し上げます。
　弊社にお手伝いできることがありましたら、何なりとお申し付け下さい。
　一日も早いご復興を心よりお祈り申し上げます。
　まずは取り急ぎ、書中をもってお見舞い申し上げます。

草々

> 頭語は「急啓」「冠省」「前略」などを使い、急いで文書を書いたことを伝える。

> 先方の身を気づかう文章を入れます。

> 可能ならば、援助を申し入れる旨を伝えます。

このような時に送る　先方が病気、けが、事故、入院、災害などのトラブルに見まわれた時。

目的　不慮のトラブルを見舞う気持ちを込めて、先方を慰め、励ますため。

基本とマナー　頭語は「取り急ぎお見舞いを書いた」という意味を込めて、「急啓」を使います。省略してもかまいません。あまりに事態が深刻な時は、少し時間が経って落ち着いた折を見てから送ります。「重なる」「繰り返す」「終わる」などの忌み言葉は使わないようにします。

火災のお見舞い

急啓　本日のニュースで貴社ビルが火災の被害に遭われたと知り、突然のことにたいへん憂慮しております。心よりご同情とお見舞いを申し上げます。皆様の心痛はいかばかりかと拝察いたします。

このうえは、皆様がお気持ちを強く持たれ、一日でも早くご復旧されますことをお祈り申し上げます。

私どもでお役に立てることがございましたら、ご遠慮なくお申し付けください。微力ながら、最大の努力を致す所存です。

なお、些少ではございますが、お見舞いのしるしとして別途ご送金申し上げましたので、お納めください。

まずは書中をもちまして、お見舞い申し上げます。

令和○年七月二十日

株式会社タカダ倉庫
代表取締役　森本由美様

株式会社タブチ水産
代表取締役　長崎秀太

書き換え表現

● 近日、お見舞いに参上いたす所存ですが、まずは書中にてお見舞い申しあげます。

お見舞い金を別に送る場合は、手紙が届いた後にお見舞い金が届くように送ります。

火災の原因についてはお見舞いでは触れないようにします。

災害のお見舞い（水害）

令和〇年 8 月 18 日

株式会社東海林トレーディング
代表取締役　児玉功一 様

株式会社土居商店
代表取締役　小森節夫

前略　今朝のテレビニュースにて、御地の集中豪雨とその被害の大きさを知り、驚いております。

　貴社ならびに関係者の皆様にはご被害はございませんでしょうか。皆様のご無事をお祈り申し上げます。

　小社社員一同、大変心配しており、衷心よりお見舞い申し上げます。

　ご被害のないことを祈念しておりますが、万一のことがございましたら、なんなりと小社に、遠慮なくお申し付けください。

　まずは取り急ぎ、書中をもってお見舞い申し上げます。

　お返事のお気遣いには及びません。

草々

> 冒頭の挨拶は不要です。お見舞いの言葉自体も、簡潔にまとめるようにします。

> 先方が返信に気を使う必要がないことを書き添えます。

災害のお見舞い（豪雪）

令和〇年 2 月 2 日

株式会社フクモト重機
代表取締役　白山妙子 様

ミスミインターナショナル株式会社
代表取締役　田崎能活

急啓　連日の猛吹雪が御地に多大な被害をもたらしたとのこと、大変驚いております。弊社社員一同、心からお見舞い申し上げます。

　貴社のご被害のほどはいかがでございましょうか。

　私どもとしては、被害僅少を願うばかりですが、万が一ご被害がございましたら、復興のお役に立ちたいと念じております。何なりとお申しつけ下さるようお願い申し上げます。

　貴社の皆様のご無事と一日も早い復旧をお祈り申し上げますとともに、まずは取り急ぎ、書中にてお見舞い申し上げます。

草々

> 被害の状況を尋ねる文言はさり気なく添えます。返信や回答を求めるような文言を避けます。

書き換え表現

● 微力ながら弊社でお手伝いできることがありましたら、何なりとお申しつけください。

198

病気のお見舞い

前略　このたびは、貴社企画部の川畑様より、ご入院されたとのお話を承り、突然のことで驚き案じております。その後の経過はいかがでしょうか。心よりお見舞い申し上げます。

平素より、御社の先頭に立って活躍されてこられたため、お疲れを出されたのではと拝察いたします。

寒さも一段と厳しい今日このごろ、十分にご養生され、一日でも早くご回復されますことを心よりお祈り申し上げます。

さっそくお見舞いに参上したいところですが、かえってご迷惑をおかけすることになろうかと存じます。別便で心ばかりのお見舞いのお品をお送りいたしましたので、どうぞお納め下さい。

まずは書中にてお見舞い申し上げます。

草々

令和○年十二月十五日

株式会社加納自動車
代表取締役　加納圭一郎

株式会社大同特殊制作所
企画部部長　猪狩智昭様

先方の回復を祈る言葉を必ず書き添えましょう。

入院された先方の気持ちを思いやり、慰めになる言葉を選びましょう。

書き換え表現
● 承りますれば、猪狩様にはご入院中との由、

199

51

礼状

▶ 礼状の基本とマナー

令和○年9月1日

株式会社ナカタコーポレーション
代表取締役　夢川克也 様

株式会社波海観光開発
企画部長　坂田源四

　拝啓　初秋の候、貴社いよいよご繁栄のこととお慶び申し上げます。
日頃は格別のご高配を賜り深謝申し上げます。
　さて、このたびの弊社主催による「さよならサマーイベント」の際は、
多大なご協力をいただきまして、誠にありがとうございました。
　おかげさまをもちまして、売上目標を達成することができ、イベント
としても大成功となりました。これもひとえに皆様のご協力の賜です。
改めまして感謝申し上げます。
　今後も皆様のご協力にお応えすべく努力してまいりますので、一
層のご支援、ご指導を賜りますよう、よろしくお願いいたします。
　末筆ながら、貴社の益々のご発展を祈念申し上げます。
　略儀ながら、まずは弊社催事ご協力の御礼まで。

敬具

協力していただいたことへの感謝の意を丁寧に伝えます。

具体的に、どのように成功したかを共有しながらお礼をします。

今後のお付き合いをお願いする内容や、先方の発展、繁栄を祝う表現を末尾に添えます。

このような時に送る	紹介のお礼、仕事や協力のお礼、お祝いやお見舞いに対するお礼、お中元やお歳暮などのお礼をする時。
目的	先方の尽力に感謝の意を伝え、ビジネス上のつながりや信頼関係をより深めるため。
基本とマナー	お礼をするタイミングを逸しないよう、すぐに作成して出すことが大切です。お礼状は感謝の意を伝えるのみとし、他の用件をお礼状に書き加えるのは、やめましょう。

商品受注のお礼

拝啓　寒冷の候、益々ご清栄のこととお慶び申し上げます。
　さて、このたびは弊社製品「折りたたみ脚つきバスケット air」
をご注文いただき、誠にありがとうございます。
　本日、数量を取りそろえ、宅配便にて発送させていただきました。
到着予定日は 12 月 10 日（火）ですので、ご検収下さいますよう
よろしくお願いいたします。
　なお、商品についてお気づきの点がございましたら、遠慮なく
ご連絡下さい。今後ともお引き立てを賜りますよう、よろしくお願い
申し上げます。
　取り急ぎ、書面をもって御礼申し上げます。

敬具

冒頭でまず、今回の注文のお礼を述べます。

納品後のサポートついても伝えて、信頼感を持ってもらえるようにしてもよいでしょう。

キャンペーンご協力のお礼

拝啓　貴社ますますご盛栄のこととお慶び申し上げます。平素は弊社
商品のお取扱いにご尽力を賜り、厚くお礼申し上げます。
　さて、このたびは「京都宇治茶セットプレゼントキャンペーン」にご協
力いただきまして、誠にありがとうございました。おかげさまをもちまして、
別紙のとおり予想を上回る応募総数となり、所期の売上目標を達成する
ことができました。
　これもひとえに、皆様のご協力、ご尽力の賜物と心より感謝いたします。
今後とも何卒お力添えのほど、よろしくお願い申し上げます。
　まずは略儀ながら書中をもってお礼申し上げます。

敬具

記
同封資料：「京都宇治茶セットプレゼントキャンペーン」
計結果 1 部

以上

協力への感謝の言葉とともに、キャンペーンの結果を伝えましょう。

可能な限り資料・データなどを先方と共有すると、結果を深く理解してもらえ、こちらの感謝の気持ちもより伝わりやすくなります。

第 5 章　社外文書（社交文書）の基本

取引先紹介のお礼

拝啓　時下ますますご清栄のこととお慶び申し上げます。平素は格別のご高配を賜り厚く御礼申し上げます。

さて、このたびは株式会社永井建設工業の佐々木様をご紹介いただきまして、誠にありがとうございます。

早速、お訪ねしましたところ、貴重なお時間を割いて、快く商談に応じてくださいました。

おかげさまで、来月より同社と取引させていただける運びとなりました。これもひとえに宇佐見様のご尽力の賜と謹んで感謝申し上げます。

今後とも、より一層のお引き立てをお願い申し上げます。

本来ならば拝眉のうえ、ご報告と御礼申し上げるべきですが、略儀ながら、書面をもちまして御礼申し上げます。

敬具

令和○年十一月二十日

株式会社星田設計
営業本部長　宇佐見律夫様

株式会社クロサワ商店
法人営業部　宮澤結心

書き換え表現

- 近日、お見舞いに参上いたす所存ですが、まずは書中にてお見舞い申しあげます。

紹介してくれた相手もその後を気にしているはずなので、訪問や取引開始可否などの結果が出たら、すぐに礼状を送るとよいでしょう。

まず冒頭で、取引先を紹介してもらったお礼を述べます。

資料送付のお礼

拝啓　貴社ますますご繁栄のこととお慶び申し上げます。平素は
ひとかたならぬご高配を賜り厚く御礼申し上げます。
　さて、ご多用中にもかかわらず、早速資料をお送り下さいまして、
ありがとうございます。
　貴重な統計資料で、販売戦略を練る上で大変参考になりまし
た。今後も長く保存し活用させていただきます。
　今後もより一層のご教示をよろしくお願い申し上げます。
　略儀ながら、書面にて御礼申し上げます。
敬具

> 協力してくれた結果が実際にどのように役に立ったのか、これからどのように活用するのかを、感謝の意とともに伝えます。

面談のお礼

令和〇年3月12日

株式会社ナカタ鉄工
営業部部長　夢川克也様

株式会社本田実装
営業部　坂本一亀

拝啓　早春の候、貴社ますますご繁栄のこととお慶び申し上げま
す。平素は格別のお引き立てをあずかり、厚く御礼申し上げます。
　さて、先日はご多用中にもかかわらず、ご面談を賜り誠にありが
とうございました。また、弊社サービスに関して貴重なご教示をい
ただきましたこと、大変ありがたく重ねて御礼申し上げます。
　その後、頂戴しましたご提案を反映させるべく、企画案を練り
直しております。
　貴社のご期待に応えるべく、今後も努力してまいる所存ですの
で、倍旧のご指導、ご鞭撻をよろしくお願い申し上げます。
敬具

> 時間をつくって会っていただいたことへの感謝の意を丁寧に伝えます。

> 先方に、面談後の経緯や結果を報告します。

謹啓　仲秋の候、貴社ますますご隆昌のこととお慶び申し上げます。平素は格別のご愛顧を賜り厚く御礼申し上げます。

さて、このたび私こと弊社代表取締役社長就任に際しましては、早速ご丁寧なご祝詞を賜り、さらには過分なるお祝いの品まで頂戴いたしまして、誠にありがたく厚く御礼申し上げます。

このような大役を担うことになりましたのも、長年にわたる皆様のご支援の賜と深謝申し上げます。

なにぶん浅学の身でございますが、社業発展のため、誠心誠意努力してまいる覚悟でございます。

今後とも倍旧のご指導ご鞭撻を賜りますよう、なにとぞよろしくお願い申し上げます。

本来であれば、拝顔のうえお礼申し上げるべきところ、略儀ながら書中をもってご挨拶とお礼を申し上げます。

謹白

令和〇年十月十五日

株式会社匠栄コーポレーション
代表取締役　石綿琢磨様

株式会社笹田食品
代表取締役　佐藤喜一

今後も変わることなく支援、協力していただけるようにお願いをします。

丁寧なお礼とともに、今後に向けた意欲や決意表明もあわせて伝えましょう。

お祝いの品をいただいた場合は、そのお礼も伝えます。

営業所開設祝いへのお礼

拝啓　晩秋の候、貴社ますますご隆盛のこととお慶び申し上げます。

　さて、先般は当社名古屋栄営業所の開設に際し、あたたかいお祝辞を賜りまして、誠にありがとうございました。

　この地に営業所を開設できましたのも、ひとえに皆様方のご支援の賜と厚く御礼申し上げます。

　このうえは、地域の皆様のお役に立てるよう、従業員一同、精励いたす所存です。なにとぞ今後ともご指導、ご支援のほどよろしくお願いいたします。

　まずは書中にて、略儀ながら御礼申し上げます。

敬具

相手からの支援に対して、感謝している旨を伝えます。

開店祝いへのお礼

拝啓　時下ますますご隆昌のこととお慶び申し上げます。

　さて、このたび、弊社大型食料品店「ビッグフード」成田東店の開店に際しましては、ご丁重なご祝詞をいただき、心より御礼申し上げます

　おかげさまで、日々忙しく過ごしております。これもひとえに皆様方のご支援によるものと心より感謝申し上げます。

　このうえは、より一層サービスを向上させ、皆様のご期待にかないますよう、専心努力してまいります。

　今後とも旧に倍するご支援とご愛顧を切にお願い申し上げます。

　略儀ながら書中をもちまして、開店祝いのお礼を申しあげます。

敬具

お祝いをいただいた人へ、開店後の様子とともに感謝の気持ちを伝えます。

書き換え表現
● 今後は、従業員一丸となってお客様のために誠心誠意尽くす所存でございます。

新社屋落成祝いへのお礼

拝啓　新緑の候、貴社ますますご隆盛のこととお慶び申し上げます。平素は格別のご厚誼を賜り厚く御礼申し上げます。

さて、このたびの弊社新社屋落成披露にあたりましてはご多忙のところ、ささやかな宴にご列席いただき、誠にありがとうございました。また、丁寧なご祝詞ならびに、過分なるご芳志を頂戴いたしまして、重ねて御礼申し上げます。

来月一日（火）より新社屋へ移転し、営業を開始いたす運びとなりましたのも、ひとえに皆様の平素より変わらぬご厚情、ご支援の賜物と深く感謝いたしております。これを機に、社員一丸となって社業に精進いたす所存です。

今後とも倍旧のご指導、ご鞭撻をいただけますようお願い申し上げます。

略儀ながら、書中にて御礼のみ申し上げます。

敬具

令和〇年五月十五日

株式会社ハラグチ味噌
代表取締役　石井裕翔

ローヤル和真株式会社
代表取締役社長　鴨志田夏男様

新社屋を建てることができたことも、取引先や関係者の支援のおかげという感謝の気持ちを表します。

出席へのお礼とともに、祝辞や贈られた金銭、品物へのお礼も伝えます。

書き換え表現
● ご来臨賜り、

昇進祝いへのお礼

拝復　時下ますますご清祥のこととお慶び申し上げます。

　さて、このたび私こと企画部長就任に際しまして、早速ご丁寧なお祝い状を賜り、誠にありがとうございました。

　部長就任に当たりましては、なにぶん若輩者ゆえ不安もございますが、皆様のご期待に応えるべく最善を尽くす所存です。

　今後も変わらぬお引き立てを賜りますよう心よりお願い申し上げます。

　取り急ぎ、書面にてお礼申し上げます。

敬具

> お祝い状をいただいていたお礼とともに、今後の仕事へ取り組む姿勢を伝える。

受賞祝いへのお礼

拝復　清涼の候、貴社ますますご隆盛のこととお慶び申し上げます。常々格別のご愛顧を賜り、厚くお礼申し上げます。

　さて、このたびの弊社製品の第52回「工業技術大賞」埼玉県知事賞受賞に際しましては、早速ご丁重なるご祝詞を賜り、誠にありがとうございました。

　これもひとえに皆様方のご指導ご鞭撻の賜物と、心よりお礼申し上げます。

　これを機に、社員一同より一層技術面の充実研鑽を積み、皆様のご期待にお応えいたす所存です。

　何卒今後とも、倍旧のお引き立てを賜りますようお願い申し上げます。まずは略儀ながら書中にてお礼かたがたごあいさつ申し上げます。

敬具

> 謙虚な気持ちで、今後の愛顧を請うとよいでしょう。

拝啓　秋冷の候、ますますご健勝のこととお慶び申し上げます。

さて、このたびの転任にあたりましては、あたたかいお心遣いをいただき、まことにありがとうございます。

浜松北支店に在任中は公私にわたり格別なご厚情を賜りましたこと、心より御礼申し上げます。

おかげさまで十月一日（月）をもちまして、横浜支店に着任いたしました。

新天地におきましても、支店長としての職務を全うし、社業発展のために励んでまいります。

今後も従前と変わらぬご厚誼、ご指導のほど、なにとぞよろしくお願い申し上げます。

取り急ぎ御礼申し上げます。

敬具

令和○年十月十五日

株式会社大渕ホームズ
横浜支店長　佐藤雄一

浜松親和興業株式会社
代表取締役社長　楠木良之助様

今後の支援、変わらないお付き合いをお願いします。

新天地へ着任後も、前任地でお世話になったお礼を伝えます。

書き換え表現
● ご丁寧なお言葉と、身に余るご餞別をいただき、

病気見舞いへのお礼

令和○年2月19日

株式会社福島商店
販売部　末永主水 様
　　　販売部ご一同 様

大竹隆太

　拝復　立春の候、ますますご清祥のこととお慶び申し上げます。

　さて私こと、このたびの入院に際しましては、ご丁寧なお見舞いのお手紙をいただき、まことにありがとうございました。

　おかげさまで、2月18日（木）に退院することができました。現在は自宅療養中ですが、来月からは職場に復帰できそうです。これもひとえに皆様のあたたかい励ましのおかげと、深謝申し上げます。

　休職中は大変ご迷惑をおかけいたしまして、誠に申し訳ございませんでした。これからは健康に気を配り、皆様のご厚情に応えるべく、最善を尽くす所存です。

　皆様にはこれまでと同様、変わらぬご指導、ご鞭撻をよろしくお願い申し上げます。

　まずは略儀ながら、書中をもってご報告と御礼を申し上げます。

敬具

退院できたことと、退院した日を伝えます。

仕事に復帰できそうなメドを伝えておきましょう。まわりの人も今後の都合がつけやすくなります。

書き換え表現
- 出社でき次第、お礼とご挨拶に伺う所存ですが、まずは取り急ぎ書面にて御礼申し上げます。

入院中に仕事の面で迷惑をかけてしまったことをお詫びします。

交通事故見舞いへのお礼

拝復　このたびの交通事故に際しまして、ご丁重なるお見舞いを賜り、心よりお礼申し上げます。

　暴走車を避けようとしての横転事故ではございましたが、幸いにも軽傷で済み、後遺症の心配もないとのことで、近日中に退院できる見込みです。

　皆様にはご心配とご迷惑をおかけいたしましたこと、誠に申し訳ございませんでした。

　業務復帰後は、より一層交通安全には気を配り、業務に邁進いたす所存ですので、変わらぬご指導ご鞭撻のほどよろしくお願い申し上げます。

　まずは略儀ながら書中にてお礼かたがたご報告申し上げます。

敬具

今後、より交通安全を意識する心構えをお礼状の中で表明しておきましょう。

火災見舞いへのお礼

拝復　このたびの弊社吉田作業所の火災に際しましては、草々にご丁重なるお見舞いを賜り、まことにありがとうございます。社員一同、こころより感謝申し上げます。

　幸い作業所の周りに広い道路があっため被害は最小限にとどまり、工具置き場の一部を焼失するのみで全焼は免れました。小社従業員にも怪我はありませんが、火の回りが早かったため、復旧にはまだ3週間ほどの時間がかかりそうです。

　当面は近隣のビルを借りての仮営業となり、皆様にご不自由をおかけいたしますが、なにとぞご容赦いただきますようお願い申し上げます。

　まずは取り急ぎ書面にて、お礼かたがたご報告申し上げます。

敬具

お見舞いへのお礼とともに、被害の状況や、今後の復旧の目処を伝えるようにしましょう。

お中元へのお礼

拝啓　盛夏の候、皆様にはますますご健勝のこととお慶び申し上げます。また、日頃は、格別のお引立てをいただき、ありがたく御礼申し上げます。

さて、このたびは大変結構な季節のごあいさつ品をご恵送賜り、誠にありがとうございました。いつもながらのお心遣い感謝申し上げます。

さっそく部内にて賞味させていただいたところ、皆大変おいしいと喜んでおりました。

暑さ厳しき折、くれぐれもご自愛のほど祈念申し上げます。

まずは略儀ながら、書中にて御礼申し上げます。

敬具

令和○年七月二十三日

届いたお中元をどのようにいただいたのか、先方に伝えるとよいでしょう。

書き換え表現
● 貴社のさらなるご繁栄を祈願し、御礼のご挨拶とさせていただきます。

お歳暮のお礼

拝啓　師走の候、貴社ますますご隆盛のこととお慶び申し上げます。日頃はひとかたならぬお引立てを賜り、厚く御礼申し上げます。

このたびまして、ご丁寧にもお歳暮の品をお届けいただきまして、まことにありがとうございます。弊社一同でおいしく頂戴いたしました。

ご芳情誠にありがたく改めて御礼申し上げます。

今後ともなにとぞよろしくご交誼のほどお願いいたします。

向寒の折、ご自愛のうえ、来る年の皆様のご多幸をお祈り申し上げます。

略儀ながらまずはお礼まで。

敬具

令和○年十二月十七日

書き換え表現
● 年の瀬もおしせまってまいりましたが

先方の健康と、来年の幸福を祈りましょう。

211

52 悔み状・葬礼関係の文書

▶ 悔み状・葬礼の文書の基本とマナー

貴社代表取締役社長　井上昌平様のご逝去の報に接し謹んでお悔やみ申し上げます

ご生前中には　ひとかたならぬご懇情を賜りましたにもかかわらず　誠に痛恨の極みでございます

ご遺族はもとより貴社社員ご一同様のご落胆　いかばかりかとお察し申し上げます　どうかお力落としのなきよう心よりお祈り申し上げます

心ばかりのご香料をお送りいたしましたので　御霊前にお供えくださいますようお願い申し上げます

まずは略儀ながら書面にてお悔やみ申し上げます

合掌

令和○年二月二十日

株式会社矢崎興産
専務取締役　元田旬五様

株式会社渡辺建設
代表取締役　太田光紀

悔み状に頭語や時候の挨拶は必要ありません。また、基本的に句読点は使いません。

「合掌」は悔み状の結語です。ほかに「敬具」「敬白」「謹白」を使います。

宛名は代表者名にするのが一般的です。代表者が亡くなられた場合は、役員などに宛てて送ります。

このような時に送る
関係先に不幸があり、お悔やみを述べるときに悔み状を出します。その他にも、「社葬の案内」「会葬のお礼」「香典返しの挨拶」など、亡くなった方の葬礼関係の連絡のための文書がいくつかあります。

目的
悔み状は故人の冥福をお祈りし、残された人を慰めるために書きます。その他は、弔事に関する事柄を関係者に知らせるための文書です。

基本とマナー
頭語や時候の挨拶は、省略することが少なくありません。「死」を連想する重ね言葉や忌み言葉は使いません。縦書きが基本で、形式が重んじられる場合は、句読点が省かれます。

取引先社長逝去の悔み状

貴社取締役社長　酒井蓮人様には　かねてより病気ご療養中と承っておりましたが　このたびご逝去の報に接し当方一同誠に驚き入りました

謹んでお悔やみ申し上げるとともに　ご冥福をお祈りいたします

ご生前は公私にわたりご厚情を賜りましたにもかかわらず　ご恩に報いることもできぬままのお別れとなり誠に申し訳なく残念に存じます

ご遺族はもとより貴社社員ご一同のご心痛いかばかりかとお察し申し上げます

別便にて　心ばかりのご香料をお送りいたしましたので　ご霊前にお供えくださるようお願い申し上げます

早速お悔やみに参上いたすところですが　何ぶん遠隔の身にて　略儀ながら書中をもちまして　ご追悼申し上げます

合掌

令和〇年二月五日

株式会社磯辺自動車
代表取締役　高橋元希

株式会社西村タイヤ御中

取引先の社長が亡くなられ、悔み状を出す際に、先方の会社宛てに出す場合、宛名を社名とすることもあります（御中をつけて）。

葬儀に参列できない場合は、その非礼をお詫びします。

訃報が届いたら、すぐに悔み状を書いて送るのがマナーです。はがきは使わず、封筒と便箋で出します。

訃報を受けて悲嘆にくれていることを伝えます。悔み状では、「死」を意識させる言葉は使いません。亡くなられた場合は「逝去」を使います。

第5章　社外文書（社交文書）の基本

取引先役員逝去の悔み状

貴社専務取締役　土井祐一様　昨夜ご逝去
の由承り　誠に驚き入りました　ここに謹ん
で哀悼の意を表するとともにご冥福をお祈り
いたします
　故人ご生前中にはひとかたならぬご支援をい
ただきながら　何のお報いもできませず　誠
に残念でございます
　ご遺族の皆様をはじめ　貴社ご一同様のご愁
傷いかばかりかと拝察申し上げます　どうぞ
皆様のご自愛のほどお祈り申し上げます
　別封は些少ですが　ご霊前にお供え下さり
ますようお願い申し上げます
　まずは略儀ながら　書中にてお悔やみ申し上
げます

　　　　　　合掌

書き換え表現
● 当社一同深い驚きに打たれております

書き換え表現
● 不本意ながら書面にてご哀悼申し上げます

取引先社員逝去の悔み状

貴社法人営業部　正田和男様のご永眠の報に接
し　ここに謹んでお悔やみを申し上げますとと
もに　ご冥福をお祈りいたします
　いたってご壮健とうかがっておりましただけに
突然のことにただ驚きました　弊社ご担当時には
ひとかたならぬお世話をいただきましたこと　い
まさらながら感謝の念を禁じ得ません
　ご遺族様をはじめ貴社ご一同様も　さぞご落胆
のことと拝察申し上げます　どうかお力落とし
のございませんよう　ご自愛のほどお祈り申し上げます
　取り急ぎ弔意まで申し上げます

　　　　　　敬具

訃報を受けた驚き、悲しみを伝えます。

親族逝去の悔み状

この度は、奥様ご逝去の報に接し、謹んでお悔やみ申し上げます。

突然のことでございましたから、吉武様、ご家族の皆様のご無念、ご落胆はいかばかりかとお察しいたします。

あまりのことに胸がふさがり、今はお慰めする言葉もございませんが、皆様には、一日も早くお元気になられますよう心よりお祈り申し上げます。

まずは略儀ながら、書面にてご追悼申し上げます。

敬具

書き換え表現

● ご心痛のあまりお力落としのないよう深くお祈り申し上げます。

弔電の文例

○○様のご逝去の報に接し、謹んでお悔み申し上げます。弊社が今日ありますのもひとえに故人のおかげと感謝の念に堪えません。ご心痛を拝察し、こころより冥福をお祈りいたします。

御社社長の訃報に接し、謹んでご冥福をお祈り申し上げます。ご遺族の皆様ならびに御社員ご一同様に心からお悔やみ申し上げます。

ご逝去の知らせを伺い、謹んで哀悼の意を表しますとともに、ご冥福をお祈り申し上げます。

弔電の申し込みは

● 電話での申し込みは、局番なしの115番。受付時間は午前8時から午後10時まで。

● インターネットからの申込み(24時間受付)もでき、郵便局の窓口にも専用の用紙が用意されている。NTTでもさまざまな状況に応じた文例が用意されている。

社葬（社長逝去）の案内

弊社代表取締役社長　長塚高貴儀　かねて病気療養中のところ　令和○年三月八日午前九時三十九分死去いたしました　ここに生前のご厚誼に感謝し謹んでご通知申し上げます

密葬の儀は近親者のみにて三月十日に相済ませました

本葬につきましては左記の通り　社葬をもって執り行います

なお　誠に勝手ながら　ご供花ご供物の儀は固くご辞退申し上げます

記

一、日時　　三月十八日（水）午後一時から二時
一、場所　　立川北斎場　東京都立川市曙町○丁目×番×号
一、交通機関　JR立川駅駅下車徒歩八分

令和○年三月十二日

　　　　　　　株式会社紙本テックス
　　　　　　葬儀委員長　黒柳千一
　　　　　喪主　長塚直美

> 亡くなった日時、死亡原因のみを簡潔に伝えます。

> 葬儀の日時、会場など詳細は、別記としてまとめます。

社葬（役員逝去）の案内

弊社常務取締役　山田三郎儀　令和○年九月八日未明に心不全のため死去いたしました　ここに生前のご厚誼に感謝し　謹んで通知申し上げます

追って　葬儀ならびに告別式は　仏式により社葬をもって左記の通り執り行います

記

一、日時　　九月十四日（水）
　　　　　　葬儀　　午後一時から二時
　　　　　　告別式　午後二時から三時
一、場所　　立川北斎場　東京都立川市曙町○丁目×番×号
　　　　　　電話番号　○○-○○○○-○○○○
一、交通機関　JR立川駅駅下車徒歩八分

令和○年九月十日

　　　　　　　株式会社サガワ
　　　　　　葬儀委員長　代表取締役社長　中里陸斗
　　　　　喪主　杉山知恵

> 生前のお付き合いに対するお礼を述べます。

新聞広告による死亡通知

弊社代表取締役　金村健司儀　三月十五日　心筋梗塞のため享年七十一歳にて永眠いたしました

ここに生前のご厚誼を深謝し謹んでご通知申し上げます

密葬は三月十七日に親族のみにて相済ませました

追って社葬は左記の通り執り行います

なお　誠に勝手ながら　ご供物ご供花の儀はかたくご辞退申し上げます

記

一、日時　三月二十一日（水）　午後二時から三時

一、場所　小平斎場　東京都小平市大沼町○丁目
　　　　×番×号
　　　　電話番号　○○−○○○○○−○○○○

令和○年三月十六日

株式会社松山ドリンク

> ご供物やご供花の辞退など、補足事項がある場合は、末文に追加します。

会葬のお礼

謹啓　弊社取締役会長　故長田正治の社葬に際しましてはご多用中にもかかわらずわざわざご会葬を賜り誠にありがとうございました

ここに厚く御礼申し上げます

生前のご厚誼に対しあらためて深謝申し上げます

なお当日は不行届きの点も多々ありましたかと存じますが取り込み中のこととご容赦くださるようお願いいたします

まずは略儀ながら書中をもって謹んで御礼申し上げます

敬白

令和○年二月三日

株式会社大熊商店
専務取締役　葬儀委員長　西田敏信
喪主　長田瑠璃子

川口商店株式会社
竹野内彰布様

> 葬儀に参加してくれた方への感謝の気持ちを表します。

217

香典返しのお礼

謹啓　弊社常務取締役　神戸三郎儀　社葬に際しましては　格別のお心配りを賜りまして厚く御礼申し上げます

おかげさまで本日　七七日忌を迎え　滞りなく法要を相済ませましたので　供養のしるしまでに　心ばかりの品をお贈りさせていただきました

ご受納下さいますようお願い申し上げます

本来ならば拝眉のうえ御礼申し上げるのが本意でございますが　まずは略儀ながら書中をもって御礼かたがたご挨拶申し上げます

謹白

香典返しは四十九日（七七日忌）が過ぎてから送ります。神式であるならば、五十日祭が過ぎてからになります。

お礼の品を送ったことを書き添えます。

一周忌の案内

謹啓　貴社ますますご清栄のこととお慶び申し上げます。平素は格別のご高配を賜り厚く御礼申し上げます。

さて、来る十月十四日は亡前会長山際康成の一周忌に当たります。つきましては生前お世話になりました方々をお招きいたしまして、左記の通り心ばかりの法要を営みたく存じます。

ご多用中恐縮ではございますが、なにとぞご臨席賜りますようお願い申し上げます。

謹白

記

日時　十月十二日（水）　午後二時から三時

場所　最長寺　東京都渋谷区神南○丁目×番×号

以上

なお、お手数でございますが、同封のはがきにて九月三十日までにご返信くださいますようよろしくお願い申し上げます。

出欠のはがきを同封した場合は、返信期限も明記します。

第**6**章

社内文書の基本

54 社内文書の基礎知識

社内文書には、会社から社内の人へ通知する文書や、
日報や提案書など社員から会社へ提出する文書が含まれます。
用件を簡潔にまとめて、読んだ人がすぐに内容を把握できる文書を作成しましょう。

▶ 社内文書のポイント

　会社の中でやりとりされる社内文書は、大きく2つにわけることができます。1つは、通知、指示、辞令など会社から社員へ伝える文書です。もう1つは、企画書、提案書、レポート、日報など、社員から会社へ伝える内容を記した文書となります。いずれも、社外の人との文書のやり取りとは異なり、前文や末文を省いたり、最小限の敬語のみを使うなど簡略な書式で作成することになります。

● 簡略な書式でわかりやく

社内文書は、基本的に社外文書と比べると、書式が簡略になっています。社外の人へのやり取りで使う、時候の挨拶、繁栄を祝う言葉、日頃の感謝の言葉など前文は不要で、件名と主文がすぐに始まり、内容を理解しやすいことが大切です。また、末文も社内文書には必要ありません。

● 敬語の使用は最小限に留めます

通常の社内文書では、敬語は最小限に留めて、いかに簡潔にわかりやすく用件に入れるか、という点を意識しながら文書を作成するようにしましょう。社内文書では、上司宛ての文書でも「です」「ます」の丁寧語が基本です。

● 読む人の立場に立った伝わる文章を

「内容が初めて読む人でも、すぐに理解できる」そのような文書を意識します。主文自体を短くまとめ、詳しい内容は別記にしたり、資料を別紙として添えるなど、効率よく伝わる文章にまとめます。また、数値や固有名詞、日時や時間などは間違いのないように、最終的に確認してから文書を仕上げるようにしましょう。

▶ 社内文書の基本

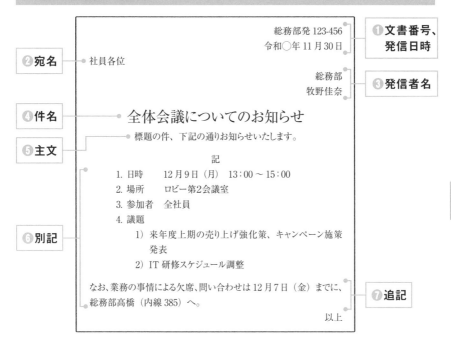

❶ 文書番号、発信番号
文書を効率的に管理するための番号を入れ、その下に発信日を記入します。

❷ 発信年月日
実際に文書を提出する日、発信する日付を記します。

❸ 宛名
社員各位、部員各位など受取人をここに記します。

❹ 発信者名
文書の発信者名の部署名、役職（肩書）、氏名を書きます。

❺ 件名
この文書の内容がひと目でわかる具体的な件名を記します。

❻ 主文
具体的な要件を、分かりやすい文章でまとめます。

❼ 別記
主文の要点を整理したり、箇条書きで伝えられること、さらには担当者名などを別途記します。中央に「記」と書いてから要点を書き出し、最後は右下に「以上」と記して別記を終わりにします。

❽ 追記
付け加えて伝える内容がある場合、「なお」などの言葉に続けます。

掲示文の基本とマナー

令和○年 11 月 20 日

社員各位

防災訓練実施のお知らせ

　12 月 1 日から開始となる「歳末防災週間」に先立ち、社内の防災意識を高める目的で、下記要領により防災訓練を実施します。なお、消火訓練は消防署係官の指導のもとで行われます。日頃の訓練が万が一のときに役立つはずです。積極的なご参加を期待します。

記

1. 実施日　　12 月 2 日（金）
2. 実施内容　避難訓練（避難経路の確認）、消火訓練および応急手当の訓練
3. 時間　　　14：00 ～ 16：30
4. 備考　　　・詳細は各部署の防災担当者の指示に従うこと。
　　　　　　・当該時間には会議や来客の予定を入れないように。
　　　　　　・各部署の防災担当者は 11 月 30 日までに消火隊のメンバーを 2 名選出し、総務課の田中までご連絡ください。

問い合わせ先　総務課・田中（内線 521）

以上

すぐに内容がわかる件名をつけましょう。

主文には時候の挨拶は必要ありません。今回の目的を明示します。

日時や場所は別記として、わかりやすくまとめます。読む人は、件名と別記を見ると概要をつかむことができます。

このような時に送る	社内セミナー、健康診断の実施、休暇の通知、社員の訃報などを通知するとき。
目的	社内全体に幅広く情報を伝えるため。
基本とマナー	件名から用件がすぐにわかるように作成しましょう。日時や場所などは別記として、箇条書きにするとわかりやすくなります。

社員訃報の掲示

令和○年 12 月 15 日

各部課御中

営業本部長

訃報

　本社営業本部の西島誠治郎様が、12 月 12 日午後 9 時頃、肺炎のためご逝去されました（享年 52 歳）。

　通夜および葬儀・告別式は下記のとおり執り行われます。謹んでご冥福をお祈りし、ご報告申し上げます。

記

通夜	12 月 16 日（水）　午後 6 時～ 8 時
葬儀及び告別式	12 月 17 日（木）午後 1 時～ 3 時
式場	メモリアルホール新横浜
	横浜市港北区新横浜○丁目×番×号
	（電話：045-○○○-○○○○）
喪主	妻　西島奈緒美様
備考	無宗教葬にて執り行われます。

以上

- 弔電、供花の必要もあるので、住所・電話番号は必ず明記します。
- 弔電の宛先になるので、続柄を明記します。
- 香典袋の上書きを書く際にも必要となるので、宗旨、宗派についても記しておきます。

更生施設利用の掲示

厚生施設の利用について

　かねてより準備をしておりました当社の社員厚生施設「草津温泉川村荘」が、6 月 18 日（月）からご利用いただけるようになりましいたので、下記のとおりお知らせいたします。

　ただし、長期休暇期間の申し込みについては総務課にて調整を行います。7 月～ 8 月中の利用分については、6 月 15 日（金）までに利用願いを提出くださいますようお願いいたします。

記

草津温泉　川村荘	露天風呂が特徴です。ハイキングコースやゴルフ場にも近く、四季を通して楽しむことができます。
・利用期日	1 人、1 家族および 1 グループとも 2 日以内
・利用者	社員および家族
	家族の場合は、年齢・性別・続柄を記入すること
・利用料金	宿泊費 1 人 6,500 円（1 泊 2 食付き）
・申し込み方法	希望者は、総務課（担当・山田：内線○○）まで申し込んでください。なお、受付は先着順となります。

以上

- 施設の詳細を記すことで、多くの利用を促すことにつなげることができます。

第 6 章　社内文書の基本

223

健康診断実施の掲示

令和○年6月1日

事業部各位

総務部　梅田照代

定期健康診断実施のお知らせ

　今年度の健康診断を下記の通り実施いたします。予定を調整の上、対象者は必ず受診してください。

記

日時	7月15日（木曜）
男性	10時～12時
女性	14時～16時
場所	第一講堂
対象者	7月1日時点で満40歳未満の人
実施項目	身長、体重、腹囲、視力、聴力、血圧、血液検査、胸部エックス線検査、尿検査など
備考	別途配布の問診票に必要事項を記入の上、当日持参すること。女性社員は、Tシャツ等、ボタンや金具のない服を用意してください。

　なお、やむを得ない事情で受診できない方は、7月7日までに総務の梅田（内線105）まで連絡をください。後日、受診日等をお伝えします。

以上

> 対象者がひと目でわかるように、別記にて記載します。

> 当日、参加できない人がどのように対応すればよいか、連絡先ともに記します。

夏期休暇の掲示

令和○年5月15日

社員各位

総務部

夏期休暇について

　本年度の夏期休暇は下記の通り実施します。

記

1. 期間　　6月25日～9月5日まで
2. 日数　　各人6日
3. 要領　　各部署、業務に支障のないよう休暇スケジュールを調整し、6月15日までに総務部に報告してください。

以上

> 用件をコンパクトに伝えます。

> 期日を明示して、各社員への調整を促します。

令和○年 11 月 15 日

社員各位

総務部

社内セミナー開催のお知らせ

　本年度の社内セミナーが、下記のとおり開催されます。

　近年、種々雑多な情報が氾濫する中で、消費者のニーズを的確に把握していくためにも「情報リテラシーと情報管理術」が不可欠となっています。そこで今回は、日本ソーシャル・ネットワーク研究所主任研究員の吾妻和彦氏をお招きして、インターネット時代における情報管理術についてお話ししていただきます。お誘い合わせのうえ、多数ご参加くださいますようお願いいたします。

記

1. テーマ　　「ソーシャル時代における情報管理術」
2. 講師　　　吾妻和彦氏
　　　　　　　講師プロフィール
　　　　　　　日本ソーシャル・ネットワーク研究所主任研究員
3. 日時　　　12 月 15 日（木）18：00 ～ 19：30
4. 場所　　　本社別館第 2 会議室
5. 対象者　　全社員

参加希望者は、11 月 30 日（金）までに、総務部・今井までメールでお申し込みください。

以上

講師を招いた背景も伝えるとよいでしょう。

外部から講師を招く場合は、テーマとともに講師の肩書やプロフィールを紹介するとよいでしょう。

56 回覧文

▶ 回覧文の基本とマナー

回　覧

令和○年 10 月 3 日

関係部署各位

営業部次長　中本道一

営業戦略会議の開催について

　下記の日程で、下期最初の営業戦略会議を開催しますので、各自、スケジュールを調整してください。

　組織変更後、初めての会議となるため、全員出席を原則とします。

記

1. 日時　10 月 9 日（水）10 時〜 12 時
2. 場所　第 1 会議室
3. 議題　(1) 下期目標の発表
　　　　(2) 10 月入社の中途入社社員 3 名の紹介
　　　　(3) 新商品の説明

以上

今回の会議の狙いを事前に知らせておきます。

書き換え表現
● 重要検討事項がありますので

議題をあらかじめ共有しておきます。

このような時に送る	講演会開催、歓送迎会、忘年会や新年会、懇親会開催や、社員や家族の慶弔を通知する時。
目的	部署内で回覧させることによって、情報を確実に共有するため。
基本とマナー	回覧文書とひと目でわかるように、左上に「回覧」の文字を囲んで協調します。確実に回覧させるため、回覧者の印鑑欄もしくはサイン欄を設けるなどの工夫をします。

アンケート集計結果の回覧

```
┌─────────────┐
│ 回　覧 │                           令和○年4月5日
└─────────────┘
営業本部各位

　　　　　　「顧客満足度アンケート」の集計について

　　　　　　　　　　　　　　記
　先月実施いたしました、当社製品・サービスに関する「顧客満
足度アンケート」の集計がまとまりましたので、回覧します。業務
の参考になると思われるので、是非ご一読ください。
　なお、回覧後は営業部本棚に保管しますので、必要に応じて
ご覧ください。
　　　　　　　　　　　　　　　　　　　　　　　　　　以上
```

書き換え表現
● ご参照ください。

英語講座募集の回覧

```
┌─────────────┐
│ 部内回覧 │                           令和○年3月5日
└─────────────┘
営業部各位
　　　　　　　　　　　　　　営業部長　西川弘和

　　　　　　　「実務英語講座」受講者募集
　周知のように、グローバル化をめざす企業では、業務における英語力が必須
となっています。つきましては、当社でも皆さんの英語力向上のため、実務英
語講座を開設することとなりました。
　この講座は、英語の文法や基礎を学ぶものではなく、営業業務の実践にお
いて用いられる英語の解説とハウツーに徹した実用講座です。受講料は必要
ありませんが、受講後社内試験を受けていただきます。先着15名まで受講で
きますので、ふるってご応募ください。
　　　　　　　　　　　　　　記
　　　日時　　4月9日（木）から12月17日（木）までの毎週木曜日
　　　　　　　18:00 ～ 19:30
　　　場所　　4階第3会議室
　　　講師　　海外事業部
　　　　　　　ジョン・スミス氏
　なお、講座の詳細は別紙をご覧ください。
　　　　　　　　　　　　　　　　　　　　　　　　　　以上
```

別記に要点を
わかりやすくま
とめましょう。

新入社員歓迎会開催の回覧

```
┌──────┐
│ 回　覧 │
└──────┘
```

部員各位

令和○年7月15日

企画部　白山宗介

新入社員歓迎会のお知らせ

　7月1日から当部にも2人の新入社員が配属されました。当初の緊張した面もちから、最近は笑い声もこぼれるほどになってきました。部内もずいぶん華やいできたようです。

　さて、私たち先輩も、これまでちょっと遠慮しつつ新人たちと接してきた感がありますが、お互いがより親睦を深める意味で、下記の要領で新入社員歓迎会を開催したいと思います。

　自分が配属された頃を思い出しながら、新人たちにアドバイスしたり、あるいは仕事上の悩みを聞いてあげれば、有意義な会となるでしょう。

　万障お繰り合わせのうえ、というほど堅苦しい会ではありません。お忙しいかとは思いますが、途中からでもぜひご参加ください。

記

1. 日時　：7月23日（金曜日）18時半〜21時
2. 場所　：居酒屋「太平洋」（駅中央北口、マクドナルドの3F）
　　　　　　（電話：03-○○○○-○○○○）
3. 会費　：4000円（当日現地で徴収します）
4. 幹事　：白山（内線045　y-shirayama@○○.com）
5. 備考　：6月18日までに回覧文が白山まで戻るようにしてください。当日まで出欠がわからない場合はその旨を幹事までご連絡を。

名前	森	山川	原口	今永	梅野
回覧日					
出欠					

※出席は○、不明な場合は？でお願いします。

以上

歓送迎会、懇親会など、業務時間外に人を募る催しの案内は、参加したくなるように、少しだけた案内文にするのもよいでしょう。

回覧の表に回覧日を入れると、回覧を留めてしまっている日がわかるので、スムーズに回覧が回りやすくなります。

特別斡旋品案内の回覧

```
┌─────────┐
│ 回　覧 │
└─────────┘
                                        令和○年 10 月 15 日
従業員の皆様へ
                                        総務部長　古村
```

ジョギング用品特別斡旋のご案内

　今回、平素お世話になっている株式会社川崎スポーツ様のご厚意により、ジョギング用品を市価の 3 割引でご提供いただくことになりました。皆様には、ふるってお申し込みくださいますよう、ご案内いたします。

記

1. 販売商品　　　　　配布カタログを参照のこと
2. 申し込み締め切り日　11 月 10 日（金）
3. 申し込み方法　　　添付の申し込み用紙に必要事項を記入し、各部でとりまとめ、総務部（内線 562）へ提出してください
4. 引き渡し時期　　　12 月 20 日（木）頃
5. 引き渡し方法　　　各部庶務担当が代金と引き替えに引き渡し

以上

> 割引されることを明記して、商品をアピールします。

書き換え表現

● 従業員の皆様には、ご協力のほどよろしくお願いいたします。

第 **6** 章　社内文書の基本

資料購入の供覧文書

```
┌─────────┐
│ 供　覧 │
└─────────┘
                                        令和○年 5 月 15 日
営業戦略部各位
                                        総務部長　本田孝一
```

『経済産業省の各白書』購入のお知らせ

　毎年購入している経済産業省の白書一式を、本年版の発売にともない購入しましたのでお知らせいたします。

　同白書は、従来、営業戦略部の他にも経営企画部、社長室秘書課などが各部でそれぞれ購入していたようですが、経費節減の一環として今年から総務部が購入し、各部署からの申請を受けて貸し出すことになりました。皆様のご理解、ご協力をお願いします。

■貸出方法
・設置場所　総務部　書棚 B
・申請方法　総務部にて申請用紙を記入
・貸出期間　3 日（厳守）
※共有物なので、書き込み等は厳禁です。

以上

> 供覧文書＝回覧とは異なり、部署内に保管して、役職が上の者から順にまわして読む文書＝であることを明記します。

通知文

▶ 通知文の基本とマナー

```
                                    令和○年 5 月 19 日
社員各位
                                          総務部
                   販売価格の改定について

    下記の3商品について、以下の要領で販売価格を改定します。


                          記

1.  対象商品および価格
                        旧価格        新価格
    スマートフォン A-2B     101,230 円     98,000 円
    スマートフォン BC-DE    134,560 円    140,000 円
    キッズ携帯ピンククロウ    3,980 円      3,600 円


2.  価格改定実施日        令和 2 年 8 月 1 日
                                          以上
```

何の通知であるかが、すぐにわかる件名を明記します。

別記で内容を箇条書きにします。固有名詞や数字は、発信前に確認します。

このような時に送る	価格改定、社内規定改定、人事異動、定例会議、人事異動、停電、社員の死亡などがあった時。
目的	社内情報や連絡事項を文書で正確に伝えることで、業務を円滑に進めるため。
基本とマナー	結論を先に持ってくるなど、わかりやすくなる工夫をする。伝えるべき内容、目的をはっきりさせて、受け取る側に理解してもらうようにする。

名古屋支店の移転について

　名古屋地区での事業拡大にともない、名古屋支店が下記のとおり移転しますので、お知らせいたします。

　ご確認のうえ、住所録等の書き換えをお願いします。また、移転日前後は荷物の発送、業務に支障のないようご注意ください。

記

旧支店最終営業日　令和〇年 9 月 30 日（金）18：00 まで
（18：00 をすぎると、電話、FAX はつながりません）
新支店業務開始日　令和〇年 10 月 3 日（月）
新所在地　〒460-〇〇〇〇　愛知県名古屋市中区栄〇丁目×番号×号
新電話番号　052-〇〇〇-〇〇〇〇
新 FAX 番号　052-〇〇〇-〇〇〇〇
なお、メールアドレスに変更はありません。

以上

> 移転に伴って、荷物不着などのリスクがなくなるよう、注意を呼びかけます。

> 新所在地での営業開始日は必ず明記します。

> 変更のない情報（この場合はメールアドレス）についても記しておきます。

7月5日（土）の停電のお知らせ

　7 月 5 日（土）13 時〜 16 時までの時間、本社社屋は電気設備点検のため、停電となります。当日、この時間帯はビルの管理上出勤できませんのでご注意ください。また金曜日の退社時には下記事項を必ず守ってください。

記

1. 金曜日の退社時間は 19 時をもって最後とする
2. パソコンや通信機器などの精密機器類の電源を確実に切ること。
   最終的なチェックを誰が行うかは各部長の指示に従うこと。
3. サーバーのシャットダウンは専門家チームが行うので、各自はさわらないでおくこと
4. 冷蔵庫のなかの保存の効かない飲食物は整理しておくこと

> 日程を件名に入れて、周知徹底させましょう。

> 停電にあたって注意すべき点を別記にすると、わかりやすくまとまります。

第 6 章　社内文書の基本

58 指示・通達文

▶ 指示・通達文の基本とマナー

令和○年 10 月 1 日

社員各位

総務部

喫煙場所について

　令和○年 6 月より、全社禁煙になって 1 年が経ちますが、未だにトイレ、更衣室、会議室などで喫煙をしているとの報告が来ています。防火の点からも、喫煙者は指定の喫煙所だけで喫煙するよう、改めて周知徹底してください。

　ご協力をお願いします。

以上

> 一見しただけで、何の通知かわかる件名をつけます。

> 強く強調したい場合も命令口調にならいように、気をつけます。

このような時に送る	経費削減、販売促進対策、社内規定改定、省エネ対策などを指示する時、営業方針などを通達したり、解雇や懲戒処分を通告する時。
目的	「指示」と「通達」では、「通達」のほうが命令度が高く、いずれも社員に一定の規律を守らせることで、組織業務を円滑にするため。
基本とマナー	大切な情報が確実に伝わるよう、結論を先に持ってくるなど、わかりやすくなる工夫をする。また、誰から誰への指示・通達であるのか、はっきりさせることが大切です。

個人メールアドレス変更の指示

ドメイン変更によるメールアドレス変更について

　このたび当社では、<u>新しい社内ネットワークの導入に伴い独自ドメインを取得したため、</u>全社員のメールアドレスが下記のとおり変更されます。つきましては、皆様にはお手数ですが、関係者各位へ周知いただけますようお願いいたします。

　なお、旧アドレスも○月○日までは受信可能となっておりますが、早めの徹底をお願いいたします。

記

1. 運用開始日　令和○年 6 月 1 日
2. 変更内容
　これまで使用していたアドレス（@xxxx.xxx）から、自社ドメイン（@xxxx.co.jp）へと変更になります。
変更前アドレス sato123456@xxxx.xxx
変更後アドレス sato123456@xxxx.co.jp
※メールアカウント（@ の前）は以前と同じです。

以上

社員が関係者へアドレス変更を知らせるときのためにも、変更理由を明記します。

変更前と後のポイントを簡潔に説明すると、わかりやすくなります。

販売促進の指示

クリスマス販促キャンペーン実施について

　現在ハロウィン商戦は最中ですが、今年もクリスマス商戦の準備期間となりました。同時に、当社も一年でいちばんの繁忙期となります。ついては、下記のとおり販促キャンペーンを実施するので、拡販活動を積極的に行ってください。

記

1. キャンペーン名「ラッキークリスマス・キャンペーン」
2. キャンペーン期間 12 月 1 日（火）～ 12 月 25 日（金）
3. 各部署でのキャンペーン企画書を、10 月 10 日（水）までに提出のこと
4. キャンペーン期間中は、全員特製エプロン着用の上、各店舗に出ること

問い合わせ：営業本部販促課 永井（内線 253）

以上

詳細については、わかりやすく別記にまとめるとよいでしょう。

第 6 章 社内文書の基本

令和○年 10 月 1 日

社員各位

IT 事業部　平松由子

ウィルス対策ソフト更新のお願い

　昨今、新種のコンピューターウィルス「LDNN-56B」が世界中でさまざまな障害を引き起こしているとの報道がなされています。また、最近ではスマートフォンで障害を起こすウィルスも増加しております。このウィルスに感染すると、パソコン内部にある保存データの破壊、データの外部流出などの被害を引き起こすことが知られています。そうした事態に陥ると社会的な信用が失われてしまい、取り返しのつかないことになります。

　弊社では先月、今月と 3 台のスマートフォンがウィルスに感染していることが判明しました。幸い他のパソコンなどの機器に蔓延することはありませんでしたが、今後も感染する可能性は十分にあります。

　そこで現在当社で利用しているウィルス対策ソフトの利用更新の徹底を改めてお願いします。

　各部署にて、ウィルス対策ソフトの徹底にご協力ください。

記

ウィルス感染を防ぐための具体的施策
・ウィルス対策ソフトの利用徹底。
・不審なメールは開かない（特に添付データがあるものは絶対に開かず削除してください）。
・ウィルス対策ソフトが警告を出しているウェブサイトについては、閲覧をしない。
※その他、パソコン、スマートフォンの動作が急におかしくなった場合、そのままの状態で下記にご連絡ください。
連絡先：IT 事業部　平松（内線 256）

以上

自社で遭っている被害の状況を伝えて、より警戒することを促します。

対策の詳細と、問題が発生した場合の連絡先もあわせて記します。

解雇予告の通告

令和〇年 6 月 18 日

中野駅前支店
営業課　東海林達也殿

代表取締役社長　小向裕太　印

会社の代表が通告者となります。

解雇予告通知書

　この度、貴殿を当社就業規則第 12 条第 2 項を根拠に令和〇年 6 月 30 日をもって解雇いたします。解雇の理由は下記のとおりで、当予告は労働基準法第 20 条に基づきます。

　なお法定の解雇予告期間として不足する日数分の平均賃金は、退職金と含め、4 月 25 日以降、お支払いに応じます。

記

解雇理由：3 期連続による経常赤字を計上した結果、九州地区営業所の統廃合が検討され、大分支店が閉鎖される結果となったため。
ご質問・問い合わせ先：人事部長　田春康夫（内線 0246）

以上

今回の判断が、就業規則を根拠としながら、労働基準報に則った通知であることを明確に知らせます。

懲戒処分の通告

令和〇年 11 月 6 日

広告部営業課　安藤順殿

代表取締役社長　大家立三　印

懲戒処分は、処分の思い順に、免職（解雇）→降格→抵触→減給→戒告があります。

懲戒解雇通知

　当社就業規期第 12 条 4 項により、貴殿を令和〇年 11 月 6 日付けでき戒解雇とすることに決定し、ここに通告します。

　理由は、平成 25 年より令和〇年 11 月まで、当社が認めていない自転車通勤を続け、5 年間で通勤手当を計 103 万円不正に受給していたことによります。

　同事件によって当社にもたらされた社会的な不名誉は甚大であり、企業としての信用は大きく失墜したと言わざるを得ません。 退職金の支給は規定により行われません。ご了承ください。

以上

本作に関するい合わせ先
人事部長　山形宗次郎（TEL：03- 〇〇〇〇 - 〇〇〇〇）

59 照会文

▶ 照会文の基本とマナー

令和○年 10 月 10 日

澤島営業所
営業本部長　山城史郎 殿

本社営業本部　浅野裕也

9 月分販売実績に関する問い合わせ

　先般、提出された 9 月分の貴営業所販売実績報告書において、特異な数値が目にとまりましたので、下記の点につき、恐れ入りますが 10 月 25 日までにご回答をお願いします。

記

1. ここ 2 年、良好だった「ホームクリーナー A5」の販売数が前月非で 40% 減少となった考え得る理由
2. 前記事項に関する貴営業所の対策案

以上

> 照会を依頼した理由を簡潔に述べます。

> 調査をして回答する期日を設定し、伝えます。

このような時に送る　在庫や販売状況、システム使用状況など、仕事に必要な情報を入手したい時。

目的　他部署の人に、仕事に必要な情報について回答をいただくため。

基本とマナー　照会文は社内文書であるため敬語は控えめで問題はないが、相手に手間をとらせることになるため、低姿勢でお願いするように。また、回答しやすいよう、回答のための用紙を用紙するなど準備をするのもよい。

在庫状況の照会

ウルトラワンの在庫状況のご照会

新年の挨拶まわりで配るギフトセットをつくるため、当社製品の在庫状況をお知らせください。なお回答は、5月17日(水)までに生産部・岡村まで願います。

記

1. 製品名
　　ON-AT ウルトラワン1型、ON-AT-2 ウルトラワン1型（後期型）
2. 照会内容
　　製品の現時点での在庫、ならびに累積販売数
　　当月分の販売見込み数

以上

何の在庫確認の照会か、件名にわかりやすく明記します。

どの製品で、いつの時点での照会かを明確にします。

他課システムの照会

営業管理システムのご照会

貴課で実施されている文書整理システムについて、当課の営業シート管理上の参考としたいと存じます。つきましては、下記の事項について12月10日（月）までに、営業一課・山田（内線564）宛てにご回答いただければ幸いです。

記

1. ファイリング・システムについて
　1 シートの分類方法
　2 文書リストの作成方法
　3 文書のデータ化について（日報とのリンク）
2. 文書担当管理者について
（中略）

以上

調査をして回答する期日を設定し、伝えます。

他課が使っているシステムの中で何を知りたいのか、別記にまとめて伝えます。

60 回答文

▶ 回答文の基本とマナー

令和○年 11 月 15 日

営業本部長
本堂直人 様

金沢営業所　村井泰人

10 月分販売実績報告書のご照会について（回答）

記

11 月 10 日（木）付で照会された標記については、以下のとおりです。
1. 売上げが前月比、前年同月比で著しく落ち込んでいる理由について
   JR 操車場跡地周辺地域の都市開発により、新規ショッピングセンターが進出。その煽りを受け買い物客の流れが変わってしまい、売上げの減少が著しい結果となった。
2. 1 に対する営業活動の現状と、改善対策のすすめ方
   現在はチラシの工夫やポスティング。今後は、地元密着型の新企画などを検討している。

以上

> いつの照会に答えるのか、分かりやすく件名に記します。

> 調査をして回答する期日を設定し、伝えます。

このような時に送る　販売状況や、在庫状況などについて問い合わせがあった時に、明確に返答をする時。

目的　各部署間の業務を円滑に進められうよう、情報を共有するため。

基本とマナー　照会文と同じく敬語は控えめで問題ないが、誠意をもって答えるようにする。相手の何の照会についての回答かを件名でわかるようにすると、円滑にコミュニケーションがとれます。

在庫状況照会への回答

第一営業部　安藤裕太 様

管理本部　飯島洋子

在庫処分について（回答）

令和○年6月10日付で照会された標記について、回答いたします。

記

1. ロイヤルストーン B55 については、歳末バーゲンセールの実施を検討中。6月中に決定予定。
2. パワーストーン A44 については、6月30日に本社倉庫へ配送が決定。なお、その他のストーンシリーズについては、販売状況もよく、追加生産を検討中。

以上

いつの時点での照会かを明確にします。

照会に合わせて、特記したい内容や報告すべき事柄をあわせて記載します。

備品借用依頼への回答

人事部セミナー用備品等貸出しについて（回答）

　11月17日（火）付でご依頼のあった以下の点についてお答えいたします。

貸出し依頼品目
1. 新卒セミナー用の大型プロジェクター（BAG-1655）1台
2. マイク2本
3. ホワイトボード1台
いずれも了承いたしました。
11月30日(火)午後2時30分に総務部脇の備品庫までお越しください。
セミナー終了後、午後5時30分までに備品庫へ戻してください。
問い合わせは総務部・野島まで
（内線 1022 d-nojima@ ○○○○ .co.jp）

以上

貸出依頼のあった備品が何か、明示します。

貸出日時、貸出時の注意点などもはっきり伝えます。

依頼文

依頼文の基本とマナー

令和○年 2 月 15 日

社員各位

総務部　岡嶋賢太郎

社員食堂ドリンクについての
アンケートのお願い

　このたび、社員食堂のドリンクの自動販売機の機種を変更するにあたり、社員皆様からのご要望を伺うアンケートを実施することになりました。

　つきましては、別紙回答用紙にご記入の上、社員食堂入り口脇の回収ボックスにご投入ください。

記

1. アンケート対象者：社員食堂利用者
2. 内容　　　　　：別紙
3. 提出期限　　　：2 月 28 日

以上

> アンケートの具体的な内容は、別記として記します。

> アンケートを依頼して回答する期日を設定し、伝えます。

このような時に送る　アンケート調査、原稿執筆、社内報取材、講習会などの講師派遣、備品借用などのお願いがある時。

目的　社員の間で情報を今日して、業務を円滑に進めるため。

基本とマナー　敬語は控えめですが、こちらからお願いして協力してもらっているという姿勢で作成すると、印象もいいでしょう。

社内報取材協力の依頼

令和○年 9 月 15 日

営業部長　岡田敏男 様

総務部社内報係

社内報取材協力のお願い

　ご存知のこととは思いますが、当社の社内報『山の手にじいろクラブ』では、「わが愛する故郷」のコーナーで、社員の皆様に出身地についてお国自慢のコラムを書いていただいております。

　昨年北海道からスタートしましたが、今回は石川県の順番であり、同県出身の岡田部長にぜひご寄稿をお願いしたいと思います。お忙しいところ恐縮ですが、何卒よろしくお願い申し上げます。

記

主題　　　　：石川県のお国自慢
字数　　　　：800 字（可能ならば写真の提供もお願いします。）
原稿締め切り：9 月 25 日（金）
担当　　　　：総務部社内報係 野間口（内線 898）

以上

企画の主旨をまず説明します。

日頃の業務とは別のお願いでもあるので、丁寧に依頼します。

依頼した内容の詳細をすぐに確認できるよう、別記で説明します。

令和○年6月1日

法人営業部
部長　岸田慎一郎　様

　　　　　　　　　　　　　総務部長　長田達也

新人研修の講師のお願い

　来る6月15日より新人研修が行われます。
つきましては、ここ数年トップクラスの営業成績をおさめていらっしゃる岸田部長に師をお願いしたいと思います。
　若い社員にとってお任は兄貴分的な存在となるだけに、親近感がわくはずです。普段通りのトークで笑いを交えながら営業という仕事を伝え、硬くなりがちな場を和ませていただけたら望外の喜びです。
　お忙しいなか縮ですが、下記の件につき、ご来諾くださいますよう、お願い申し上げます。
　なお研修カリキュラムを同封いたします。他の識者と内容が重ならないよう心がけていただけたら幸いです。

記

講演日時　　：5月20日15：00 ～ 15：45
講演テーマ　：営業の醍醐味（お客様と、どのように成長し
　　　　　　　ていけるのか）
場所　　　　：本社第一会議室

以上

講師として選ばれた理由の一つとして、営業成績の良さがあることを伝えて、相手の気持ちを前向きにさせます。

どのような話を期待しているか伝えます。

研修の全体が引き締まった内容になるよう配慮をお願いしたい旨を依頼の時点から伝えておく。

242

令和○年 6 月 10 日

統括本部
本部長　平野健一郎 様

　　　　　　　　　　　　　　営業第二課　　長田達也

仙台営業所開所式出席のお願い

　このたび秋田営業所の開設準備が整い、無事開所の運びとなりました。秋田営業所はかねてより東北地区の重要拠点として開設が望まれていた営業所です。

　つきましては、下記の要領で開所式を開催します。

　長年ご支援を賜った関係先来賓をご招待するとともに、社長はじめ本社幹部の列席も予定しておりますので、ご繁忙中恐縮ですが、所長各位にはなにとぞご出席のほどよろしくお願いします。

記

1. 日時　令和○年 7 月 1 日（水）10：00 〜 11：30
2. 場所　秋田営業所
　　　　　秋田県秋田市中通り○丁目×番×号
　　　　　（別紙地図参照）
3. 式次第（略）

以上

相手の状況を考慮に入れて、低姿勢で出席を依頼します。

式の概要がわかるように、別記で記します。

第6章　社内文書の基本

62 業務報告

▷ 業務報告の基本とマナー

令和○年 2 月 15 日

営業部長　桂川信乃助 様

販売部　大岡康友

10：00 ～ 11：00　ロイヤル運輸
総務部主任の佐川賢太郎係長と打ち合わせ。今年度は 6 名の新入社員のエクセ
ル講習を契約していただいていたが、来年は 6 名が入社されるとのこと。今年の
講習が好評だったこともあり、来年もエクセル講習に加えて、もう1講座を検討して
いただけることに。明後日金曜日に再度のアポイントをいただき、新入社員向け研
修のプレゼンをすることになりました。

13：00 ～ 14：00　皆川テクノサービス
人事部の濱村心主任（女性）と打ち合わせ。若い期待の社員が定着してくれな
いとのこと。とくに営業のメンバーで2年続いた人がいないのが悩み。森田講師の
人気講座、モチベーションアップを提案し、検討し始めてもらっています。

16:00 ～ 17:00　秋山製作所
総務部の蘆取洋子氏と面談。以前、同社では「トップ営業の掟」DVD 講座偏を
100 セット受注しており、最終的には講座受講までを見通しての交渉。
ただ、オンライン英語講座も検討しているとのことで、
最終的には、いかにメリットを見せて、契約に結びつけられるかがポイントになります。

その他、望月物産から電話があり、昨年末にプレゼンしたビジネスマナーの書籍を
250 冊前後、購入したいとのことで、東山講師のスケジュールを確認して、来週打
ち合わせに同行してもらうことが決定しました。

案件ごとに箇条書
きにしてあり、読む
人も読みやすい配
慮がされています。

クライアントの具
体的な悩みにまで
踏み込んで相談
できている、とい
う様子が上司に
も伝えわります。

さっそく社内で協
力を仰いで、クラ
イアントとの関係
をより深め、より
大きな受注を目指
す様子が日報か
ら伝わります。

このような時に送る	業務、営業、作業、訪問販売、検査、売り上げなどについて整理して報告する時。
目的	携わった仕事の内容、経過、結果を上司や会社と共有することができる。
基本とマナー	報告する時は事実関係と主観をま混ぜて、報告しないことが大切です。

作業日報

記入者名　山口達央

主任　　　　印
工場長　　　印

作業者名　　上野雄二、高木祐子、小笠原亮太、志村邦数

作業時間　　9:30 ～ 17:00

欠勤者　　　なし

作業内容　　ストロベリージャム、オレンジマーマレード、ピーナッツバター

製品名	生産数	不良品数
ストロベリージャム	2,500 個	2 個
オレンジマーマレード	2,500 個	0 個
ピーナッツバター	800 個	4 個

進捗状況　　通常どおり

備　　考　　ピーナッツバターラインは、10 月 2 周目より機械メンテンナ
　　　　　　ス3日間あり。

作業日報は記入者名を明記します。

備考欄は、連絡事項の他に、進捗状況に問題があった場合の意見などを記しておきます。

第 **6** 章　社内文書の基本

営業週報（2月2日〜2月8日）

令和○年2月9日
営業部　蛯原康

1. 概要
　春物の売れ行きがよく、後半はスカートは試着をする人が
　先週に比べて30%増えた。蛍光色を履くお客様が多いので、
　蛍光色を進めるセールストークを2案、2/8からの週で作成する。

月日	業務内容	備考
2月2日（月）	・ストッキング入れ替え ・フリースをセールコーナーへ	・インフルエンザが再流行 冬物も依然売れている
2月3日（火）	・スプリングコート追加分 再入荷。ディスプレイ展示	・朝礼　心地よい接客の 極意＝森店長
2月4日（水）	・1年ぶりの降雪 最後のダウン在庫が売れる	・新規のお客様に リピートしていただく

> いつからいつまでの報告か、わかりやすいところに明記します。

令和○年2月度業務月報

令和○年3月2日
営業部　野口明雄

1. 概要
　2月の月間売上げは総額7,550,000円、セールが好調だった前月に比べ4.5%
　減、目標売上高に450,000円及ばなかった。しかし、景気回復の兆しを受け
　て前年同月比では％増、特に高級品の売上げが伸びている。
2. 実績
　対前年同月期売上げ比較＝102.5%
3. 所感
　2月は冬物がまだ動くため、目標売上の達成が見込める。高級品の販売も引
　き続き好調と思われるので、高級ブランドや一点物の品揃えに力を入れ、購
　買欲を刺激する。
4. 添付資料
　販売内容分析表・来月度売上げ計画表

以上

> 具体的な数字を出して、月間売り上げの分析をします。

> どのような話を期待しているか伝えます。

出張報告書

下記のとおり営業活動を行いましたので、ここに報告します。

1. 日程　　　令和○年 10 月 25 日（月）～ 27 日の 2 日間
2. 行先　　　鹿児島県鹿児島市
3. 目的　　　取引先営業及び同業の情報収集
4. 報告事項　市内中心部の飲食店にて店長より導入の打診。
　　　　　　　あとは他社との見積り次第。
5. 所感　　　好感触ではあったが、成約には至らず。
　　　　　　　他社より速くアプローチをかけつなぎとめる。
6. 出張旅費精算書　添付

以上

> 今回の出張の課題が次につながるように記録に残します。

令和○年 5 月 15 日

経営企画部　北山厚 様

所属：広告部　大川礼之佑

マーケティング・リサーチ＆データ分析受講報告書

下記のとおり、受講結果について報告いたします。

テーマ　　　アメリカの最新事情からみた
　　　　　　マーケティング・リサーチ＆データ分析
受講場所　　新東京カウンシル
講師　　　　（株）ILC マーケティング代表　下川鉄二し
受講期間　　令和○年 5 月 13 日（水）13：00 ～ 16：00
内容　　　　デジタル時代のデータ＆感情のととらえ方
感想　　　　スマートフォンが世界で普及し、ダイレクトマーケティングに改めて
　　　　　　注目するとともに、当社の今後の 販路拡大にも大いに利用価値
　　　　　　があると感じた。是非とも今後の業務に活用したい。

> ひと目で何の報告書かわかるように、講習・実習・研修名をタイトルに入れます。

> 講義を受けたことで芽生えた抱負や具体的な提案を記すとよいでしょう。

63 事故報告

▶ 事故報告の基本とマナー

令和○年 10 月 5 日

総務部長
安藤雄二 殿

営業課長　野添紳助　印

交通事故報告書

1. 発生日時　　：令和○年 10 月 2 日（金）午後 2 時 30 分
2. 事故概要　　：浦和所沢バイパス山之上交差点付近
3. 当事者　　　：営業部　長浦友也
4. 相手方氏名　：園田美沙子
5. 事故発生状況 ：
   ・株式会社大熊プラントでの営業活動を終えて帰社中、山之上交差点
   　の左折時に、横断歩道を通行中の自転車と接触。転倒した相手方
   　の左足に全治 10 日間の傷を負わせた。
   ・物損としては相手方自転車のハンドルとライトの損壊、当社営業車は
   　右前ライト破損。
6. 事故処理
   原因は長浦の不注意にあり、相手方が青信号で横断歩道をわたっている
   ところに、右折待ちをしていて着直進車が途切れ、長浦が右折をした際
   に交差点内で接触。今回は示談が成立。
7. 長浦には始末書の提出も求めた。

以上

> どのような状況で事故に至ってしまったのか、文字として残して、報告します。

> その後の経過をここに記します。

このような時に送る	交通事故、会社内での発生した業務事故、事務処理ミスなどについて報告する時。
目的	事故発生の状況と処理について整理し、正確に伝えることで今後の同様の事故の再発を防ぐ。
基本とマナー	日時、場所、事故による被害者、発生状況などを正確に記録します。事故発生の原因や結果を利害関係抜きで客観的に説明します。

248

令和○年 10 月 5 日

総務部長　織田亮平 殿

現場主任 大村龍彦　印

業務災害報告

1. 発生日時：令和○年 4 月 18 日（金）午後 2 時 30 分
2. 事故概要：床材合板の車載時による負傷
3. 被災者名：建築部　竹内洋一郎
4. 発生場所：パーク玉川マンション建築現場敷地内
5. 発生状況
　　1本2kg の床材を同時に 6 枚移動させようとした際、トラックの荷台での受渡しに失敗をして落ちてきたパネルで、左足大腿部を骨折した。
6. 負傷程度：全治 4 カ月、休業 7 日、通院 2 ヵ半
7. 受診医療機関：源田総合病院
8. 災害防止対策
　　資材を車載する際は、かならず複数の人間で対応するよう周知、徹底した。

以上

> 事故が発生した状況を詳しく説明します。

令和○年 10 月 5 日

総務部長　今宮流子 殿

営業部部長 吉田盛栄　印

事故報告書

株式会社植村コーポレーションから 12 月 13 日に寄せられた誤請求に対するクレームは、下記の経過により発生したものです。
また、マヤプロダクトには 12 月 14 日に謝罪にうかがい、納得いただいておりますので、あわせてご報告いたします。

記

1. 事故内容：10 月の請求分が二重請求となっていた。株式会社植村コーポレーションから請求通りの金額が振り込まれた後、事故を確認した。
2. 事故発生の原因：コンピュータの単純な操作ミス。
3. 事故後の処置：二重請求した金額を経理課を通じ返金。謝罪の結果、先方の納得を得ることができた。
4. 措置：担当者には厳重注意の上、始末書を提出させた。

> 事故発生の状況とその処理の詳細については、別記として箇条書きにします。

64

調査報告

▶ 調査報告の基本とマナー

令和○年 10 月 5 日

企画部部長
駒崎均 殿

市場調査部　吉田博子

株式会社田門テクノ・サービスの信用調査報告

1. 結論
   株式会社株式会社田門テクノ・サービスの信用度は高く、新規取引開始において支障となるものはないと思われるが、長期的な取引には慎重を要する。

2. 理由
   創業の 2001 年以来、確かな技術力で信頼を培ってきた。2011 年の東日本大震災以降、二代目社長に吉村紀洋氏（当時 35 歳）が就任して以来、アプリケーション開発などを中心に注目を集めている。ただし、吉村氏の就任以降、若手の定着率が下がり、次世代の核となるサービスの開発にはやや苦慮している跡が見られる。
   経営は安定して伸びており、次期の増益も確実視されている。

3. 添付資料
   ・同社の会社プロフィールと営業実績
   ・取引銀行の調査資料

以上

> まず、結論から述べます。

> 詳細の資料を添付して、調査を裏づけます。

このような時に送る	信用、市場、物件、業務診断などについて報告する時。
目的	現在の業務、新事業などを見据えて、その判断となるデータを集め、今後のビジネスで活用するため。
基本とマナー	調査の結果だけでなく、調査方法や対象、目的なども記録に残して報告します。

市場調査報告

令和〇年 10 月 5 日

宣伝部部長
吉永 殿

マーケティング部 山本洋

新製品のマーケットリサーチ報告書

当社新製品の調査を、下記の通り実施しましたので、その結果を報告します。

記

1. 調査目的
   新製品「ホワイトボスカ・クールはみがき」の拡販に向け、認知度や他社製品との比較などの現状を把握する。

2. 調査方法・調査対象・・
   信用調査会社「麹町リサーチ社」にリサーチを委託。メインターゲット層の主婦 35 名へのグループインタビューの実施。

3. 調査期間：令和年 3 月 10 日（木）～ 3 月 15 日（木）

4. 調査項目
   当社の製品「ホワイトボスカ・クールはみがき」の認知度
   ・競合他社の製品イメージキャラクターの認知度
   　当社新製品のイメージおよび香り、磨き終えた後の清涼感
   　など

5. 分析結果、
   ・競合他社と比較しても、当社の新製品の認知度はやや低く推移している。
   　　　　　　　　新製品の認知度
   　　　　　　　　A 社…30%
   　　　　　　　　B 社…25%
   　　　　　　　　当社…21%
   　　　　　　　　C 社……15%

6. 今後の対策
   ・流動的な嗜好のターゲット層に製品を投入しているため、今後は Youtube などとミックスした販促展開が望ましい。

7. 添付書類
   当社新製品のイメージおよび香り、磨き終えた後の清涼感をはじめ、詳細は麹町リサーチ社による「調査報告書」を参照。

以上

調査結果をもとに、今後の販売施策、販促アプローチなどについての提案が含まるとより魅力的な調査結果となります。

65

会議・研修会報告

▶ 会議議事録の基本とマナー

令和○年2月13日

記録者　マーケティング企画部　吉田博子

定例企画会議議事録

1. 日時　　：令和○年2月12日（水）午後2時〜3時
2. 場所　　：ホール第2会議室
3. 出席者：営業部3名
　　　　　　営業企画部2名
　　　　　　マーケティング企画部1名
4. テーマ　：在宅介護用レトルト食品分野への取り組み
5. 決定事項
　次回の会議までに他社から発売されている療養食の種類と売れ
　筋商品、および価格や販売ルートを調査し、当社の参入可能性
　を探る
6. その他意見・アイディア
　在宅介護用レトルト食品は通常のレトルト食品と比べ、認知度が
　高いものではないいが、使い勝手のいい商品が検討できないか
　・介護に関する単行本とタイアップしたかたちで商品広告を打ち
　　出す方法も考えられる
7. 次回会議：3月12日（水）午前10時〜11時

以上

詳細の資料を添付して、調査を裏づけます。

このような時に送る	定例会議、営業会議、役員会議などについて、議事録を作成して報告するとき時。
目的	会議の決定・検討事項や研修会の内容を記録として残して報告、また、その情報を共有して活用するため。
基本とマナー	会議の決定事項は箇条書きで簡潔にまとめるとわかりやすくなります。

研修会報告

令和○年 6 月 8 日

営業部長　野村英一

販売本部 山田大輔

ベンチャー企業経営戦略セミナー受講報告書

このほど、標記のセミナーに参加いたしましたので報告いたします。

記

研修テーマ　：ベンチャー企業のフィンテック市場への足がかりとその将来
日時　　　　：令和○年 6 月 4 日（木）午後 3 時〜 5 時
場所　　　　：東京丸の内スターホテル
講師名　　　：ジャパンフィンテック研究所所　　吉田高雄
主な内容　1. 世界経済危機と日本経済の現状
　　　　　2. フィンテックの革新的な技術がもたらすもの
　　　　　3. 中小企業の戦略と可能性　　※詳細は別紙参照。

［所感］
世界経済の流れの中で、シリコンバレーのフィンテック企業が急成長を遂げる中、日本の各社はどう合従連衡して存在感を高めていけばよいのか。
他社との連携によって、未来への芽もあることがわかり、大いに参考になった。

以上

研修会で学んだことを、いかに現在の仕事に生かせるか。その点もふまえて、報告書を作成しましょう。

詳細については、別紙の資料を用意しておく。

第6章　社内文書の基本

253

66

レポート

▶ レポートの基本とマナー

令和2年販売戦略レポート

令和2年4月13日

営業本部長　西田洋子 様

営業推進部　片山信乃助

1. 今年度までの販売状況について
　従来、当社の商品は大型 GMS において 60% を超えるシェアを誇っていたが、競合他社の市場参入、新製品開発の遅れなどの影響で、今年度はシェア 42% にまで落ち込んだ。
2. 来年度の目標
　待望の新製品発売をきっかけに、全社一丸となってシェア 50% の回復をめざす。
3. 今後の営業計画
　新製品発売時には、精力的な販促キャンペーンを展開する。
　1）新発売に伴い、CF や紙媒体への出稿などで一般消費者へアピールする。

（中略）

4. 添付書類
　昨年度と今年度におけるメーカー別売上げ比較（グラフ）

以上

具体的な数字を上げて、現状を分析します。

グラフや図表を使い、客観的かつ視覚的な判断材料を添付します。

このような時に送る　販売状況や業務の状況、調査結果、セミナーやイベントなどの内容を報告する時。

目的　現状を分析して課題を把握したり、セミナーなどで学んだ内容をまとめたりすることで、今後の業務に活かすため。

基本とマナー　詳細なデータがある場合は、別紙資料として添付するとよいでしょう。

令和○年6月18日
営業推進部

新商品「ウルトラひんやり富士冷涼」の 売上状況について

標記の件に関して、以下の通りご報告します。

●現状速報

本日現在では九州および北海道の情報がまだ届いておりませんが、それ以外の地域での「ウルトラひんやり富士冷涼」の売上は予測数字を6%上回っており好調に推移しています（詳細については添付資料を参照）。調査係員によりますと、量販店での陳列は、他社商品よりは良い位置に置かれていたケースが多いようです。

九州および北海道のデータを加えた報告書を、1週間後の6月27日に改めて提出いたします。

●今後の施策

今後1カ月の売上状況を見て、収録可能容量にバリエーションを持たせた製品を投入したいと考えています。生産ライン側も多少余裕があるとのことですので、この対応は十分可能であると思われます。

●添付資料
1. 地域別売上高
2. 年齢層別売上高
3. 地域別リピーター群（分布図）

以上

次の経過報告について、いつ行なうか明記します。

詳細については、別紙の資料を添付して報告します。

第6章 社内文書の基本

67

クレーム報告

▶ クレーム報告の基本とマナー

電動自転車「RAKU」ヘッドライト不具合
クレーム報告書

1. クレームの内容
 ・4月1日に販売開始した電動自転車「RAKU」のリニューアルモデルについて、株式会社世田谷サイクル様より、お客様から「灯りがつかない」とのクレームが入った、との苦情が寄せられたと連絡があった。
 ・世田谷サイクル様では、お客様から自転車を預かり、確認したものの配線に不具合があり、同社では修理対応が困難とのこと。

2. 調査結果と対応
 ・製造した浜松工場に調査を依頼したところ、充電池からの配線に構想上の不具合があったことが判明。
 ・令和○年1月製造のものに同じような不具合が見られる可能性があることから、各納品先に事情を伝えて、同ロットの製品をすべて回収しリコール対応予定。
 ・同時に、高崎工場で異常原因を調査中で、4月24日頃には結果が判明する予定。

3. その後の対応
 ・世田谷サイクル様へは、調査結果を報告し、今後は改良版の電動自転車「RAKU」を納入することで合意。
 ・世田谷サイクル様で該当製品を購入されたお客様には、リコール対応する旨ご連絡したが、すでに他社製品を購入済みとのことで、謝罪の手紙と粗品をお送りした。

　　　　　　　　　　　　　　　　　　　　　　　　　　　　　　　　　　以上

> この「調査と結果」の欄のように箇条書きにして、読みやすくするとよいでしょう。

> 再発防止の参考とするために、対応や処理方法を詳しく記入します。

このような時に送る　消費者や取引先からのクレームを報告する時。

目的　会社に届けられたクレーム情報を把握し、社員の中で共有することによって、再発防止や顧客対応向上につなげるため。

基本とマナー　クレームは素早く対応することが大切ですが、苦情を単なる苦情として受け止めるのではなく、前向きなコメントとして活用しましょう。

令和○年6月8日
営業部

新今宮店でのレジ対応へのクレームについて

1. 受付者　　　　串本コールセンター2課 山添 京子
2. 音声録音番号　Z012-0607- ○○○○
3. お客様氏名　　近藤正恭 様
4. ご連絡先　　　090-1234- ○○○○
5. 事故発生日時　令和○年6月6日
6. 発生場所　　　甲府支店 NO.12レジ
　　　　　　　　担当：桑原明子（アルバイト）

【クレーム内容】
レジでの精算のためお客様（上記 近藤様）が順番になり
お支払いをする時点になって、桑原係員が小銭の釣り銭をな投げるように
して近藤様に渡したことに対する苦情。
以下にクレームの主な内容を記します。
「どういう社員教育をしたら、ああいう社員ができるのか」

【対応】
店長からお詫びの電話を差し上げるとともに、桑原係員には厳しく指導
した。

【改善策】
朝勤、昼勤、夜勤のスタッフのシフト交代時に、連絡事項を徹底させる。
その他、アルバイトに対する対応マニュアルとマナーを徹底させる。

以上

客観的に事実の
みを報告します。

改善策をどのように立てて行って
いくのかは、とても重要です。

68 稟議書

▶ 稟議書の基本とマナー

令和○年 10 月 11 日

総務部長　山路修二

営業部　腰越功一

ノート型パソコン買い換えの件

事務作業、営業業務のいっそうの効率化を図るため、下記についてご検討を願います。

記

1. 品名・
   NOTEB-BIZ 9600-55（PCBIZCOMY）社製
2. 価格・・・・
   278,000 円／台（別紙見積書参照）
3. 数量・・・・
   10 台
   ※作業効率化のため、営業部員一人に 1 台不可欠です。
4. 理由
   現有機（CP-BIZIX 3600）の処理能力、容量の限界により、事務作業に支障が生じ始めているため（詳細は別紙参照）。
5. 添付資料
   見積書（1 通）
   現有機との性能比較表（1 通）
   理由詳細と利用計画表（1 通）
   9600-55（PCBIZCOMY）カタログ（1 通）

> 購入の目的・狙いは前向きなものにします。

> なぜ、その台数が必要であるかが伝わると、承認を得やすくなります。

このような時に送る　備品購入、アルバイト採用、資料購入など、決定する権限のない事項について、決済権限者の判断を委ねる時。

目的　業務上、必要な事項を責任者へ認めてもらうため。

基本とマナー　その案件が会社にもたらすメリット・デメリットを明確にしておきます。費用が発生する場合、見積りや資料などは事前にしっかり準備をしておきます。

令和〇年1月15日

広報部部長　山中栄之助

広報部　菅野高子

新規取引についての稟議書

当社との新規取引に関して、次のとおりお伺いいたします。

記

1. 新規取引検討先
   株式会社田渕アドテクノ
2. 業種
   インターネット上の広告代理業務と、インターネット広告やコンテンツに関する企画・制作・運営業務が主
3. 推奨理由
   (1) 株式会社田渕アドテクノは、IT業界の先駆的企業の一つであり、インターネット広告企画・制作において広告業界内の評判もよく、また世界的な広告賞を数多く受賞しており、当社の来春からの新製品キャンペーンを担当するインターネット広告代理店としてふさわしいと考えております。
   (2) 株式会社インターフェイスジャパンは売上げが順調に伸び、経営体質も健全、優良企業であります。
4. 添付書類
   株式会社田渕アドテクノの会社概要・ディスクロージャー資料・広告作品集
5. 備考
   インターネット以外の広告展開も検討しておりますが、当社のようなIT関連メーカーはインターネット広告に広告費を集中させたほうが、費用対効果が高いと判断いたしました。

以上

稟議にかける以上、承認が得られるように、出来る限り説得力のある理由を揃えておきましょう。

新規取引先のことが具体的にわかる資料を揃えた後に、稟議書を提出しましょう。

令和○年 8 月 31 日

広報部部長　塚本康弘 様

営業部　腰越功一

アルバイト雇用のお願い

第 7 回「ワールド環境フォトコンテスト」につき、作品の整理作業と優秀作品展示会のアシスタント・スタッフとして、これまで同様、短期アルバイトを採用したく、下記のとおりお伺いいたします。

記

1. 期間
   令和○年 10 月 15 日（木）～令和○年 10 月 22 日（木）
2. 募集人数・
   10 名（大学生）
3. 給与
   時間給 850 円
4. 作業場所
   本社ビル 7 階大ホール
5. 作業時間
   午前 8 時 30 分～午後 5 時 30 分
   （昼食休憩 1 時間　実働 1 日 8 時間）
6. 作業内容
   作品の整理アシスタント、優秀作品展示会の会場スタッフの
7. 作業責任者
   営業部　腰越

まず、アルバイト採用を希望する理由を明記します。

募集する期間、人数、アルバイト料をわかりやすくまとめます。

「契約書式全書」の購入について

資料の購入について以下の通りおうかがいいたします。

記

1. 書名
   建築法研究会編『契約書式全書』全3巻　ぎょうせい
2. 価格
   99,000円
3. 理由
   我が社と契約を取り交わしている各権利者との間の「各契約書テンプレート新板」作成の資料また、最新の建築関連法についても丁寧に解説されているため、今後、法務関連業務の参考資料としても活用できる。
4. 添付書類
   同社出版案内カタログ

以上

> 資料の内容や、どのようなことに利用できるか、明記します。

株式会社三沢製作所への
災害見舞金について

このたび、台風による被害に遭われました株式会社高倉産業にお見舞金を謹呈したく、下記の通りおうかがいいたします。

1. お見舞いの予算
   100万円
2. 理由
   株式会社高倉産業は長年取引関係にあります。このたび延焼の被害に遭い、工場の大半が焼失しました。
   株式会社高倉産業の加工技術は、我が社の主力製品GXエンジンに欠かせないものであり、早期復旧の手助けをしたいと思います。
3. 添付書類
   近年の三沢製作所との取引状況データ

以上

> 取引先が復旧することで、会社にとっても今後の取引が継続できるという点を説明します。

69

提案書

▶ 提案書の基本とマナー

令和○年 9 月 31 日

総務部部長　飯塚功一　様

総務課　稲福淳二

コーチング能力向上セミナー開催について

標題について、下記の概要での実施を提案いたします。

1. 対象
　課長・部長 20 名
2. 目的
　（1）部下の育成ノウハウについて講義を受け、日常業務に生かす。
　（2）コーチングを学ぶことにより、その過程で本人の成長を促す。
　（3）上司の成長は部下の成長につながり、業務の効率アップなどにも結びつく。
3. 日時
　令和○年 10 月 15 日（月）、16 日（火）
　午前 9 時～午後 4 時（両日とも）
4. 場所
　本社別館第2会議室（詳細は別紙参照）
5. 研修内容
　（1）10 月 15 日（月）
　「コーチングとは？～コーチングの基本～」
　講師：安藤竜也（添付資料参照）
　（2）9 月 16 日（火）
　「コーチングで何が変わるか～現場が変わる瞬間～」
　講師：北村洋介（添付資料参照）
6. 予算
　講師謝礼 30 万円（2 名分）、会場代 5 万円

以上

> イベントを開催する目的がわかりやすいように書きます。

> 社外の方への謝礼など、提案書の中に記します。

このような時に送る	義務や環境の改善、研修や講習会開催、視察などの提案をする時。
目的	仕事を効率的にし、より働きやすい環境をつくるため。
基本とマナー	誰が読んでもわかりやすい文章にまとめるよう、こころがけましょう。提案の目的、改善案、費用、効果などを具体的に記します。

令和〇年 6 月 19 日

生産本部長　石田正一様

浜松工場長　有本三郎

業務前点検の提案

標題について、下記のとおり提案いたします。

記

1. 背景

　令和〇年 6 月 4 日、浜松工場において、冷却器に不具合が生じ、製造ラインが 1 時間にわたって停止する事が起きました。

　原因は部品の経年劣化によるものと判明いたしましたが、事前に点検を行っていれば、防ぐことのできたはずの事故でした。

2. 提案内容

　・浜松工場だけでなく、弊社の全工場において、業務用始前ミーティングの後、機械の簡易点検を必ず行うよう義務づける。

　・責任者は点検簿を作成し、点検した者は点検済みの著名をする。

3. 期待できる効果

　業務前の点検が徹底されることにより、今回のような事故の発生を防ぐことができる。

　点検を行った各人が点検簿に署名することで、業務に対する責任を自覚させることができる。

以上

なぜ、このような提案をするのか、提案の背景を説明します。

70

企画書

▶ 企画書の基本とマナー

令和○年1月23日

取締役各位

営業部次長　中山純一

自然食品「鈴木舎」東京進出に関する企画案

長らく準備してまいりました東京進出の事業プランがようやくまとまりましたので、下記の通りご提案します。

記

1. 店舗名　　　　自然食品「鈴木舎」渋谷店

2. 所在地　　　　東京都渋谷区神南2丁目○-○

3. 店舗面積　　　250㎡

4. 取扱品目　　　食品、飲量、オーガニック化粧品

5. 開店予定日　　令和○年2月2日（木）

6. 資金　　　　　初期資金3,000万円

7. 利益目標　　　初年度販売目標額3億円
　　　　　　　　初年度利益目標額2,000万円

　詳しくは、別添えの出店計画書に明記しましたので、ご検討のほど、よろしくお願いいたします。

以上

新店舗の基本データを見やすくまとめます。

金融機関や関係機関に提示している出店計画概要を添付し、取締役各位に目を通してもらいます。

このような時に送る	新商品開発、新規事業、販売促進キャンペーン、イベント開催などを企画した時。
目的	新商品や新事実などの案を、意思決定者に伝えて、承認を得るため。
基本とマナー	挑戦してみたい仕事であり、さらに上司や経営者が納得する企画であることを伝えます。

イベントの企画

令和○年9月1日

営業本部長
幸村純一 様

企画課　長野吉春

ハローウィーンファミリーイベント開催について

　当社新製品のベビークッション発売を記念し、ハローウィーンシーズンに家族向けイベントを実施したいと思います。下記のとおりご提案しますので、ご検討のほどよろしくお願い
いたします。

目的：乳児の安全なおもちゃ、ベビーボールの魅力を知って頂くとともに、当社の他の製品にふれて頂き、当社に親しみを持って頂くこと。これにより、お客様である乳児の両親に当社の製品のよさを知ってもらい、イメージアップをはかるとともに購入につなげる。

　　　1. 日時：　　　10月25日（土曜）11時〜16時
　　　2. 場所：　　　小山市中央体育館
　　　　　　　　　　JR宇都宮線小山駅よりシャトルバスで約5分
　　　　　　　　　　（中央体育館前下車）
　　　3. イベント内容：親子抱っこリレー（ベビーボール使用）
　　　　　　　　　　ベビーマッサージ指導
　　　　　　　　　　授乳教室
イベント内容は安全性を吟味し、これからさらに練り上げるため、変更となる場合もあります。

以上

イベントによって、会社にいかにメリットがあるかを伝えます。

71 顛末書

▶ 顛末書の基本とマナー

顛末書

　このたび、営業部大石勝男が起こした交通事故について、事実
関係を報告いたします。
記

1. 発生日時 令和○年6月9日（火）、午前11時5分ごろ。
2. 発生場所 東京都世田谷区○○○の交差点。
3. 事故状況 大石が運転する社用車が交差点を右折しようとした際、
　対向車線を直進してきた主婦・中山聖子さんが運転する自家用
　車に接触。
4. 被害状況 双方ケガはなく、先方の自家用車のフロント左前部に軽
　い凹みと擦り傷。運転手の中山さんは、目立った被害はなく、事
　故後も自ら運転して帰宅した。
5. 事故原因 大石の前方不注意。
6. 対処 中山さんには念のため、病院での検査を受けていただくよう
　に伝えた。社では、大石からの報告を受けて保険会社に連絡、
　現在対応中です。今後は今回の事故を教訓に、安全への意識
　を高め、事故の再発防止に尽力いたします。

> 被害や損害の具体的な内容を明記します。

> 今後、同様なケースが起こったときの参考とするためにも、事故当時の対処法を記録して残しておきます。

このような時に送る　事務上のミス、納期遅延、事故、火災など不始末やトラブルの経緯とその原因や対策を報告する時。

目的　不始末やトラブルの経緯やその原因を正確に把握し、再発を防ぐための対策を立てるのに役立てるため。

基本とマナー　顛末書には出来事の経緯を、理由書には原因を説明するものですが、明確には区別されていません。事実を記して、さらに対策まで示せるとよいでしょう。

令和○年 9 月 31 日

株式会社ブライト電気

総務課　稲福淳二

顛末書

令和○年 9 月 10 日（木）から滞っております当社製品の納品について、下記のとおりご報告いたします。

記

1. 原因　令和○年 8 月 25 日（日）、中国・浙江省を中心に M7.2 の大地震が発生。これに伴い、当社のスマートフォンの基幹部品であるセラミックコンデンサーを生産する CHLLGKY 社の工場が大打撃を被り操業不能となり、セラミックコンデンサーの供給がストップしたため。

2. 現状　供給停止後は在庫のセラミックコンデンサーで生産を続けてきたが、9 月 2 日（水）の出荷分をもって在庫切れとなった。CHLLGKY 社の工場は、9 月 20 日（月）に再開予定。しかし、工場の原状回復には約半年が必要といわれ、当初の生産量は平常時の 3 分の 1 程度と予想されるため、しばらくはセラミックコンデンサーの品不足が続く可能性が大きい。

現在、サードサプライ社からセラミックコンデンサーの供給を受けていますが、原価率が上昇するため、今後の対策も併せてご検討いただきますようお願い申し上げます。

以上

説明が長くなる場合は、項目別にして、時系列に並べると読みやすくなります。

今後の課題や問題点が明らかになっている場合は、今後どうすべきかを記したほうがよいでしょう。

72 顛末書・理由書

▶ 顛末書・理由書の基本とマナー

欠陥製品納入の顛末書

令和○年 2 月 28 日

製品部部長
柳井光哉 様

顛末書

製造部　森川孝子

　令和○年 2 月 25 日（水）、神奈川エリアにおいて発生した「チューブ糊 a」欠陥製品納入について調査した結果、次のような原因が判明しましたので、ご報告申し上げます。

記

1. 納入場所　　ファミリーブック文学堂平塚店、藤沢店、辻堂店
2. 発見日時・状況　令和○年 2 月 25 日（水）、午後 1 時 16 分。
　　　　　　　　ファミリーブック文学堂平塚店で一般のお客様が発見し、同店店員に指摘。
3. 状況　　　　「チューブ糊 a」の外装に損傷（穴）発生。
4. 理由　　　　宇都宮工場にて、出荷前の点検を怠ったため、製造ラインの機械の不具合を発見するのが遅れてしまった。
5. 損害　　　　迅速な調査の結果、1 月 23 日に宇都宮工場で製造された「チューブ糊 a」に同様の損傷が見られることがわかり、直ちに全品回収を行った。

　問題の「チューブ糊 a」はチューブ自体に直径 1mm ほどの亀裂が入っていることが判明。直接、何らかの事故にはつながらないものの、会社の信用を落とし、納品先へ多大なる損害をおかけしたことに相違ありません。現状、製造ラインは正常に作動しておりますが、今後は厳格な定期点検を徹底し、欠陥製品の製造・納品がないよう細心の注意を払って業務を遂行いたします。

以上

複数の店舗に納入していた場合は、それぞれの店名も明記します。きちんと文書で残すことで、今後のトラブルを減らすことにもつながります。

会社や相手先の損害についても記しておきます。

資料紛失の顛末書

令和○年 9 月 31 日

営業部長　佐久間俊

総務課　稲福淳二

顛末書

　平成○年 10 月 3 日（水）、私は営業先の株式会社速水印刷から帰社する途中、電車の中に資料を置き忘れ、紛失しました。下記の通り、顛末をご報告いたします。

記

1. 紛失の状況

　8 月 3 日午後 6 時頃、私は株式会社速水印刷でのプレゼンを終え、帰社するため、池袋駅より山手線に乗車しました。

　車内で、プレゼンで使用した資料の入った物を網棚に置きました。恵比寿駅駅で下車しましたが、改札を出たところでようやく鞄を置き忘れたことに気がつきました。急いで、駅員にその旨を伝えたのですが、資料および物はまだ発見されておりません。

2. 損害

　紛失した資料には取引先との販売実績や、新商品に関する情報などが記されています。大変重要な資料を私の不注意により紛失させてしまったことを深くお詫び申し上げます。

3. 反省点

　プレゼンを無事終えた直後の安心感から、気のゆるみがありました。大切な資料が入った物を網棚に置いてしまったのは私の不注意です。常に手に持っておくべきでした。今後、資料や備品を持ち歩く際は、細心の注意をし、身から放さないよう心がける次第です。同じような不始末を繰り返さないことを、ここに誓約いたします。

以上

第 **6** 章　社内文書の基本

時系列に沿って、事実を簡潔に述べます。

現状を正直に報告します。

理由書

令和○年2月28日

管理部長　近藤隆一郎 様

小倉工場長　森川孝子

　令和○年2月23日に発生しました、小倉工場の火災事故について、調査結果を
ご報告申し上げます。

記

1. 発生日時　　：令和○年9月23日　午後3時45分
2. 発生場所　　：小倉工場
3. 出火原因　　：倉庫に隣接する休憩所にて、半断線していた冷蔵庫（家庭用）
　　　　　　　　の電源コードが発熱を伴って短絡し、発火。近くにあった古新聞
　　　　　　　　に火が燃え移った。発火の原因は電源コードの劣化によるもの。
4. 出火時の状況：現場で作業をしていた作業員3人がすぐに気づき、消火器を持っ
　　　　　　　　て火を消し止めた。消防署にはその後、連絡を入れた。
5. 火災による損害
　　早期の消火作業により、損害は出火原因の冷蔵庫、休憩所の壁の一部にとどめ
　　ることができた。なお、今回の火災事故による業務の遅れなどは今のところ出て
　　いない。

［今後の対策］
従来から工場機械の定期点検は行っていましたが、このたびの火災は、定期点検
対象外であった休憩所内の冷蔵庫からの出火でした。そのため、定期点検対象外
の機器のリストを作成し、新たにそれらの定期点検・補修の徹底を指示しました。
また、安全確認に関する問題点を洗い出す目的で、防火責任者による定期会議を
開くことを決定しました。
作業員にも火災に対する注意を促し、これまで以上に細心の注意をもって業務にあ
たるよう指導しました。

以上

火災が発生した日時を正確に記載します。

理由書ではあっても、火災の理由・原因だけではなく、今後の対策を記しておきましょう。

火災によって、業務に支障が出ているかについても記しておきます。

理由書

令和○年2月28日

管理部長　近藤隆一郎 様

商品管理課長　塩田涼介

　令和○年2月27日、小社倉庫で、商品搬入の際に発生した破損事故についてご報告いたします。

記

1. 事故発生日時 ： 令和○年2月27日　午後1時20分
2. 事故状況 ： 大分工場へ搬送する大型切断機（RC-D55）を分解、梱包してトラックへ搬入していた従業員3人が、熊本工場から到着した別のトラックと接触。搬入作業を行っていた従業員は転倒し、RC-D55の部品を床に落としてしまった。
3. 被害状況 ： 従業員に怪我はなし。
落下したRC-D55の部品が破損した。
4. 事故原因 ： 搬入作業をしていた作業員、またはトラックを運転していたドライバーの不注意によるものがまた、当日の倉庫の搬入口には、大量の商品が置かれており、見通しが悪くなっていたことも事故原因に挙げられると考える。

[今後の対策]

　従業員には、作業中の安全確認の徹底を周知し、搬入口とその近辺に商品を置くことを禁止しました。また、今後同様の事故を起こさないために、トラックによる搬入口と、手作業による搬入口とを分けるなど、レイアウトの変更を提案しております。

時系列に沿って、事実を簡潔に述べます。

状況を改善するため、具体的な提案があればそれも記載します。

73 始末書・念書

▶ 始末書・念書の基本とマナー

始末書

令和○年 6 月 7 日

営業部長　本田　徹 様

営業部　阿比留良兼

　私は令和○年 6 月 4 日（月）、トータル精密株式会社
へ見積書を提出した際、不注意から算定金額を間違えて
しまいました。その結果、取引一時停止という事態になり、
会社へ多大な損害を与えることになりました。
　このたびの不始末について深く反省し、心からお詫び
申し上げます。今後は二度とこのようなことが起こらないよ
う十分注意し、業務に精進することを固く誓います。

以上

過失に対して素直に反省し、その思いを始末書にも記します。

再発を防止して、努力する姿勢を見せます。

書き換え表現

- 注意を喚起し、再発防止に務めることを誓います。

このような時に送る	交通事故、業務上のミス、無断欠勤、遅刻など業務中に自分や部下が不祥事を起こして、反省の言葉を述べる時。
目的	反省と謝罪の気持ちを伝え、二度と不始末を起こさないよう決意を示すため。
基本とマナー	原因・理由と結果を正しく記述します。始末書は会社宛てに、念書は個人宛てに提出します。上司に提出する文章であるため、「です」「ます」調で書きます。言い訳など自己弁護するのではなく、反省している旨を簡潔にまとめます。

資料紛失の理由書

始末書

令和○年2月20日

営業本部長　福岡高雄 様

営業部　山西一人

　私は令和○年2月8日（月）、取引先である昭和食品株式会社での打ち合わせの後、プレゼン資料一式を紛失していることに気づきました。打ち合わせ後に立ち寄った場所や利用した交通機関へ、遺失物の届け出をしましたが、現在のところ見つかっておりません。

　このように、重要書類を不用意に持ち歩いた原因はすべて私の不注意であり、弁明の余地もありません。すべて私の責任で、心から反省しております。今後は、このような不始末を起こさないよう、深く注意を払う所存でございます。

　会社にかけたご迷惑と、予想される損害につきまして、いかなる処置も受ける覚悟でございます。

　ここに始末書を提出いたしますので、ご査収くださいますようお願いいたします。

以上

見つかっていないという事実を包み隠さず、明確に記載します。

書き換え表現
● 今後の身の振り方につきましては、一切を会社にお任せする所存です。

部下の不始末についての始末書

始末書

令和○年10月24日

代表取締役社長　中野由子様

企画部長　金田秀樹

　令和○年10月16日、企画部の本庄亮太が、顧客情報流出事件を起こしていたことが発覚いたしました。

　この度の事件は、本庄がファイル共有ソフトを業務用のパソコンにダウンロードしていたことが原因です。

　しかしながら、事件を未然に防げなかったのは、管理者としての私の責任で、私の指導、監督に問題があったものと存じます。

　今回、多くのお客様にご迷惑をおかけしたうえ、会社の信頼性を失墜させてしまい、誠に申し訳なく深くお詫び申し上げます。本件の後、二度とこうした自体を引き起こすことのないよう、法令遵守の精神を社員に徹底指導いたします。

　なお、今回の不祥事につきまして、いかなる処分にも謹んで従う所存です。

以上

見つかっていないという事実を包み隠さず、明確に記載します。

書き換え表現
● 今後の身の振り方につきましては、一切を会社にお任せする所存です。

始末書

令和○年7月7日

営業部長　安川良治 様

営業部　石神淳二

　私は令和○年7月6日（火）午前9時頃、甲府市のスーパー「ビッグBCB」へ商品を配送中に、甲州街道交差点でカーブを曲がり切ることができず、自転車と接触事故を起こしてしまいました。

　私の不注意により相手の矢野武春様をはじめ、会社はもちろんのこと、納品先のスーパーにも多大なる損害と迷惑をかけてしまい、心よりお詫び申し上げます。また、会社の信頼を傷つける結果になってしまいましたことも、深く反省しております。

　矢野様にはお怪我はなく、示談も成立しております。「ビッグBCB」様には別便にて5時間遅れで納品いたしました。この件につきましてのペナルティーは課さないとの寛大な処置をいただき、感謝しております。今後は絶対にこのような不始末を起こすことのないよう、細心の注意を払って運転に臨み、業務に励むことを固く誓います。

　なお、今回の不祥事につきましては、何卒ご寛容なご措置をお願い申し上げます。

以上

起こしてしまった事故を具体的に振り返り、原因をできるだけ詳しく記します。

責任の所在を明らかにして、あくまでも誠実に謝罪・反省を述べます。

書き換え表現
- この件につきましては、寛大なご措置をいただき

始末書

令和○年 12 月 10 日

総務部長　山下純子 様

経理部　小川亮平

　私は平成○年 12 月 9 日、会社に連絡せず無断で欠勤いたしました。社会人としてあるまじき行為であり、大変反省しております。

　その前日、体調不良であったにもかかわらず、飲酒をしたうえ泥酔し、当日の夕方まで寝過ごしてしまいました。私の軽率な行動と自己管理の不徹底がすべての原因です。

　会社には業務上のご迷惑をおかけしたことを心よりお詫び申し上げます。

　今後、自らの生活を律し、二度とこのような過ちをおかさぬよう、固くお誓いいたします。

　なにとぞ寛大なご処置を賜りますようお願い申し上げます。

以上

自らに非があることを認める態度が大切です。

書き換え表現
● 今後の身の振り方につきましては、一切を会社にお任せする所存です。

遅刻の念書

念書

令和○年 3 月 10 日

営業課長　遠藤清治 様

営業課　山室太輔

　私は、去る令和○年 2 月 1 日〜 3 月 10 日の間に度重なる遅刻をいたしました。山田課長はじめ営業課の皆様に多大ご迷惑をおかけしたことを、深くお詫び申し上げます。

　これはすべて私の怠慢によるもので、深く反省しております。今後は社員の一人としての自覚をもち、二度と遅刻しないことを、ここに誓います。

以上

始末書を書くほどの不始末ではなく、反省を促す意味で念書を書きます。

遅刻した事実を正確にわかりやすく書きます。

進退伺

進退伺の基本とマナー

<h2 style="text-align:center">進退伺</h2>

令和○年 7 月 7 日

株式会社小黒総研
代表取締役社長
大沼幸之助 様

販売部長
中川真輝志

　先日起きました当社営業部員、中村茂樹の勤務中の酒気帯び運転による死傷事故に関しましては、小職の監督不行届きによるものであります。

　このたびの不始末により、会社に甚大な損失を与え、社会的にも当社の信用を著しく失墜させましたことを、深くお詫び申し上げます。

　すべて小職の指導管理の失態によるものでありますので、いかなる処分を賜りましても異議はございません。ここに辞表を同封し、しかるべくご指示をお待ち申し上げます。

以上

進退伺は、一般社員は提出しません。部課長や所長、支店長などが提出します。

辞表と一緒に提出するのが一般的。

このような時に送る	業務において、自分または自分の部下の管理などに対して過失が生じた時。事件や事故、自分の部下の交通事故など、始末書では済まされない重大な事故や犯罪の責任を負う時。
目的	事件や事故の責任を取って辞職することをため。
基本とマナー	自らの不手際を深く認めて、素直に謝罪をします。責任をとる意思表示として、辞表を同封する。

進退伺

令和○年 9 月 10 日

松島海洋プラント株式会社
代表取締役社長
平田和也 様

機械部　小川亮平

　このたび、仙台工場で発生致しました火災事故につきましては、小職の管理および指導の不徹底によるものであります。

　当社の信用失墜にもつながることになり、深くお詫び申し上げます。

　小職の管理不行届きから招いてしまったことに関しまして、職を辞して責任をとる所存であります。辞表を同封させていただきますので、今後の小職の進退につきましてご決済を賜りたく、お願い申し上げます。

以上

書き換え表現

● 管理者である私の不徳の致すところ

自らに非があることを認める態度が大切です。

慣用表現を使って、進退伺の結びとします。

第**6**章　社内文書の基本

進退伺

令和○年 3 月 17 日

株式会社権堂サービス
代表取締役社長　中藤律樹 様

生産課長　鈴木敏之

　このたび当工場で製造しました欠陥車両による負傷事故は、検品作業を正しく行っていなかったことが原因で、小職の監督不行届きによるものです。

　会社に多大の損害を与えてしまっただけでなく、長年の努力によって築いてきたお客様の信頼を失う結果となったことは、誠に申し訳なく、お詫びのしようもございません。

　すべて小職の指導管理の失態によるものですので、いかなる処分を賜りましても異議はございません。ここに辞表を同封し、しかるべきご指示をお待ち申し上げます。

以上

書き換え表現

● 管理者である小職の不徳のいたすところです。

書き換え表現

● 慙愧に堪えません。

75 退職願・辞表

▶ 退職願・辞表の基本とマナー

退職願

令和○年 7 月 31 日

株式会社小野サービス
代表取締役社長
吉岡幸夫様

企画販売部第一課
三浦珠世

私こと

このたび、一身上の都合により、誠に身勝手ながら来る
令和○年 8 月 31 日をもって退職させていただきたく、ここ
にお願い申し上げます。

以上

退職がまだ受理されていなければ「退職願」、退職することがすでに決まっていれば「退職届」、役職にある場合は「辞表」とします。

自分のことを指す言葉は、右寄せ（縦書きでは下寄せ）で書きます。

このような時に送る 自らの意思、病気、家業を継ぐなど、自分から会社を辞めるときに使います。

目的 礼をつくして会社を辞めることを伝えるため。

基本とマナー 手書きにするのが一般的ですが、会社に所定の用紙がある場合はそれを用います。後任の補充をするためにも、退職希望日の3ヵ月前には意向を伝えましょう。

一般的な退職願

退職願

このたび、一身上の都合により、来る令和○年七月末日をもって退職いたしたく、ここにお願い申し上げます。

なお、退職後の連絡先は左記のとおりです。

記

〒二五〇-○○○○
東京都渋谷区神宮前○丁目×番×号

令和○年六月三十日

株式会社金丸サクセス
代表取締役社長　岩渕隆史　様

以上

私は

退職予定日を明記します。

書き換え表現
- 私こと
- 私儀

事務手続きが必要な場合は、退職後の連絡先を記載します。

病気理由の辞表

退職願

令和○年 1 月 31 日

株式会社イノウエ
代表取締役社長
古城譲二 様

河合浩輔

　このたび、私ごとでありますが、糖尿病を患い、長期の入院および療養が必要となりました。

　つきましては、来る 2 月 28 日をもちまして退職させていただきたく、ここにお願い申し上げます。

　なお、退職後の連絡先は下記のとおりです。

　連絡先住所
　〒 112-○○○○　東京都文京区音羽○丁目×番×号
　電話　03-○○○○-○○○○

以上

「一身上の都合」など慣用表現を使ってもいいでしょう。

書き換え表現
- 斬鬼に堪えません。

76 届け出

▶ 届け出の基本とマナー

早退届

総務部長　金山恵美 殿

令和○年 7 月 10 日
営業第一課　丸山隆二　印

　下記の理由で早退したく、ご報告いたします。

記

1. 早退日時　　令和○年 7 月 19 日　午後 2 時半より
2. 理由　　　　健康診断で求められた再検査を赤十字病
　　　　　　　院で受診するため

以上

提出する相手は、通常は直属の上司となります。

署名だけではなく印鑑が必要な場合もあります。

理由は簡潔に、かつ具体的に書き添えます。相手にわかりやすいように書きます。

このような時に送る　遅刻、休日出勤、休暇、休職、結婚、離婚、忌引、住所変更、出生、死亡、出産休暇、転勤などの時。

目的　就業規則や内規にもとづいて運営される会社などの組織で、社員の労務管理をスムーズに行なうため。

基本とマナー　予定が決まり次第、できるだけ速く届け出ます。所定の用紙などがある場合は、その用紙を使います。届け出理由は簡潔に説得力のある内容を記します。

遅刻願

販売部長　田丸良和 殿

令和○年 10 月 12 日

販売部　河合浩輔　　印

以下の理由で遅刻いたしましたので、お届けいたします。

記

1. 遅刻日時　令和○年 10 月 11 日
　　　　　　午前 9 時半より 12 時まで
2. 理由　　　起床時、38.8 度の発熱があり、病院で検査したため
3. 添付書類　○○市高橋医院診断書　1 通

以上

病気などの緊急の用件で遅刻する場合には、当然、電話で前もって連絡しておきます。

必要書類があれば添付し、内容を明記する。

休暇願

販売部長　東出和男様

令和○年 5 月 12 日

販売部第 1 営業課　星野伸行　　印

下記のとおり休暇をいただきたく、お届けいたします。

記

1. 期間　令和○年 5 月 20 日から 21 日まで（2 日間）
2. 理由　郷里・福島の友人の結婚式に出席するため
3. 備考　不在中の業務は井川係長にお願いしてあります

以上

慶弔休暇など、特別休暇の場合は、休暇の理由を具体的に書きます。

「備考」として、仕事が滞らないように配慮したことを記します。

第 6 章　社内文書の基本

休職届

総務部長　大久保順也殿

令和○年 9 月 29 日

総務部　栄木圭佑　印

　このたび、下記の理由で令和○年 10 月 1 日～ 11 月 30 日までの 60 日間の休職をいたしたく、お届け申し上げます。

記

1. 休職の理由
　今般、肩こりや体の節々の痛み、けだるさ、下痢などの胃腸症状、息苦しさなどに悩みながら就業してきましたが、医師から過労とストレスによるうつ病と診断されました。これ以上の勤務は病状を悪化させるとの指摘を受け、自宅療養をしながら治療に専心したく存じます。何卒ご了承いただきますようお願い申し上げます。
2. 休暇中の連絡先
　横浜市神奈川区青木町○丁目×番×号（自宅）
　TEL .045-000-0000
3. 添付書類
　診断書 1 通

以上

> 長期の休暇をとる場合は、前もって上司と相談をしておきます。

> 必要な書類を添付します。

出産休暇願

総務部長　北山洋平様

令和○年 8 月 28 日

営業第 2 課　山本和子　印

下記のとおり、出産のための休暇をいただきたく、お願い申し上げます。

記

1. 期間　　　令和○年 6 月 30 日から令和○年 9 月 30 日まで
2. 出産予定日　令和○年 11 月 30 日
3. 備考　　　玉川産婦人科診断書　1 通

以上

> 出産のための休暇は長期になるので、できるだけ早く届け出るようにします。

> 医師の診断書など、必要書類も提出します。

結婚届

人事部長　早田十郎様

令和○年8月10日

人事課　川越亮介　印

このたび、私は下記の通り結婚いたしましたので、お届け申し上げます。

記

1. 結婚年月日　　令和○年7月18日
2. 配偶者氏名　　川越美智子（旧姓 笹川）
3. 結婚後住所　　〒131-0000 墨田区文花○丁目×番×号
　　　　　　　　電話番号　03-○○○○-○○○○
4. 添付書類　　　戸籍謄本1通　　住民票1通

以上

> 婚姻届けを出した日を明記します。

> 配偶者の旧姓も忘れずに書いておきます。

> 必要書類も忘れずに提出します。

離婚届

人事部長　三同則康様

令和○年10月21日

総務課　後藤田和男　印

このたび、一身上の都合により、下記のとおり離婚いたしました。

記

離婚年月日　　　令和○年10月18日
相手氏名　　　　山田美代子
添付書類　　　　戸籍謄本1通

以上

> 離婚の具体的な理由は書く必要はありません。

第6章　社内文書の基本

出生の届け出

出生届

企画部長　向山龍一殿

令和○年 12 月 13 日
企画部　澤木祐介　印

　このたび、下記のとおり子どもが誕生いたしましたので、ご報告いたします。

記

1. 氏名　　　：澤木菜々子（さわき・ななこ）
2. 出生年月日：令和○年 12 月 9 日
3. 続柄　　　：次女
4. 添付書類　：出生証明書 1 通

以上

子どもが生まれると健康保険、扶養手当、税金の扶養控除などが変更されることが多く、なるべく早く届け出ましょう。

子どもの名前の読みを書き添えておくと親切です。

出生証明証の提出を忘れないようにします。

親族死亡の届け出

死亡届

総務部長　北山洋平様

令和○年 2 月 7 日
管理部　古城杏果　印

　このたび、下記のとおり家族が死去いたしましたので、ご報告します。

記

氏名　　　　古城拓斗
死亡予定日　令和○年 2 月 5 日
続柄　　　　夫
添付書類　　死亡診断書1通　戸籍謄本1通

家族の死亡の際でも、手当、税金、保険などの内容に関わってくることがあるので、できるだけ早く提出します。

医師の診断書など、必要書類も提出します。

住所変更の届け出

住所変更届

総務部長　山口昭男様

令和○年 10 月 15 日

販売課　川口二郎　印

　下記の通り住所を変更いたしましたので、ご報告いたします。

記

新住所	〒150-0001
	東京都渋谷区神宮前○丁目×番×号
	TEL03- ○○○○ - ○○○○
旧住所	東京都杉並区成田西○丁目×番×号
移転月月日	令和○年 10 月 10 日
通勤経路	JR 渋谷〜 JR 池袋
添付書類	住民票 1 通

以上

新住所は番地などに間違いがないように正確に書きます。

身元保証人変更の届け出

身元保証人変更届

人事部長　三原修様

令和○年 10 月 21 日

総務課　後藤一朗　印

以下のとおり、身元保証人を令和○年 2 月 10 日に変更いたしましたので、お届けいたします。

記

新身元保証人	氏名	大村二郎（おおむら　じろう）
	住所	山口果防府市高倉○丁目×番×号
	電話	0835-00-○○○○
	職業	会社員
	絲柄	叔父
旧身元保証人	氏名	野原健三
	住所	大阪府河内長野市原町○丁目×番×号
	職業	無職
	統柄	父
変更理由		旧身元保証人が死亡したため
添付書類		新身元保証人による身元保証書 1 通

以上

身元保証書の書き方（P.289）を参考にしましょう。

誓約書・身元保証書

▶ 誓約書・身元保証書の基本とマナー

誓約書

令和○年 12 月 13 日

株式会社山田コーポレーション
代表取締役社長　山田元一 殿

神奈川県川崎市宮前区宮前○○
山村五郎　印

この度、貴社社員として入社するにあたり、以下の事項を遵守履行
することを、ここに誓います。

1. 就業規則および服務に関する諸規定を尊重し、遵守すること。
2. 社員としての品格を保持し、常に社会人として修養に励むこと。
3. 故意、もしくは重大な過失によって、会社に損害を与えた場合は、
　その責任を追うこと。

以上

> 必ず印鑑を押します。また、氏名に変えて、生年月日を記載させる場合もあります。

このような時に送る　入社、雇用契約更新などの時。

目的　自分と会社との契約を法的に守るため。

基本とマナー　住所や氏名は書き間違えないようにします。押印を忘れずに。

身元保証書

株式会社山越
代表取締役社長
山越洋 様

　このたび、私こと齋藤二郎は、貴社に採用されます尾形修太が、法令および貴社の就業規則およびその他の規則を遵守することを、身元保証人として保証します。

万一、本人が貴社の規則に反する行為をなし、重大な過失または故意により貴社に損害を与えた際には、身元保証人として本人と連帯し賠償の責任を負い、貴社にはご迷惑をおかけしないことをここに誓います。

　以上、その証として本書をここに差し出します。

令和○年 3 月 25 日

被保証人
住所 東京都目黒区祐天寺○ - ○ - ○
　　　　　　　　尾形修　印

保証人
住所東京都中野区東中野○ - ○ - ○
　　　　　　　　齋藤二郎　　印
　　　　　　本人との関係　伯父

身元保証人の名前を書き入れます。

身元保証人の有効期限は、期間に定めのない場合は3年、期間を定める場合でも5年で、自動更新はできません。

78 辞令

▶ 辞令の基本とマナー

辞令

販売部営業課　山本康太殿

　令和◯年9月1日付けをもって、販売部営業課課長に
任命する。

令和◯年9月1日

株式会社オレンジ証券
代表取締役　大橋一朗　印

戸籍通り、俗字、旧字もそのまま記します。

このような時に送る	採用、配属、異動、転勤、出向、解雇などを伝える時。
目的	会社の決定事項を文書で確実に伝えるため。
基本とマナー	必ず発令の日付、発令者の氏名を記し、押印します。

転勤辞令

辞令

営業部第4課　渡辺洋次郎 殿

　令和○年8月1日付けをもって、名古屋支店勤務を命じます。

である調、ですます調はどちらでもかまいません。

令和○年8月1日

株式会社オオクラ物産
代表取締役　大山五郎　印

懲戒解雇辞令

辞令

総務部総務課　山口洋子 殿

　就業規則第12条1項の定めによって、令和○年12月1日付をもって現職を解き、懲戒解雇とします。

処分が就業基礎のどの条項に基づいたものなのかを明記します。

令和○年12月1日

株式会社山田自動車
代表取締役　大山田元　印

採用辞令

塩村三郎 殿

令和◯年 2 月 20 日
株式会社大和
代表取締役　大和信士　印

辞令

　令和◯年 4 月 1 日付けをもって、社員として採用します。
ただし、仕様期間を3ヵ月間とします。

出向辞令

辞令

佐藤晴子殿

　令和◯年 8 月 1 日付けをもって、株式会社ホームズへの出向を命ずる。
　なお、同日付で現在の職位身分は解任し、人事部付休職とする。

令和◯年 8 月 1 日

株式会社ライフガード
代表取締役　川村真琴　印

著者紹介

西出 ひろ子 （にしで・ひろこ）

ビジネススタイリスト・マナーコンサルタント。ヒロコマナーグループ代表。ウイズ株式会社代表取締役会長。HIROKO ROSE 株式会社代表取締役社長。一般社団法人マナー教育推進協会代表理事。

大妻女子大学卒業後、参議院議員などの秘書職を経てマナー講師として独立。1998 年、英国オックスフォードに渡り、オックスフォード大学大学院遺伝子学研究者（当時）と現地にて起業。帰国後、名だたる企業 300 社以上のコンサルティング、延べ 10 万人以上の人材育成をおこない、各企業の収益アップとお客様満足度アップに貢献。その実績は『スーパー J チャンネル』（テレビ朝日）や『ソロモン流』（テレビ東京）などのドキュメンタリー番組をはじめ、新聞、雑誌などにてマナー界のカリスマとして多数紹介された。また、政治家、弁護士、企業のエグゼクティブたちの装いから身のこなし、話し方などのトータルコンサルティングも請け負う。NHK 大河ドラマ『いだてん』『龍馬伝』、映画『るろうに剣心 伝説の最期編』といった作品のマナー監修も多く、超一流俳優や女優、タレントへのマナー指導も多数。NTT 西日本の CM では、イチロー選手らにもマナー指導をおこなった。1996 年度財団法人実務技能検定協会主催、日本技能検定協会秘書部門において日本技能検定協会連合会会長賞受賞。

著書・監修書に 28 万部の『お仕事のマナーとコツ』（学研プラス）、『完全ビジネスマナー ［人財・売上・利益を生み出す魔法の作法］』（河出書房新社）、『入社1年目 ビジネスマナーの教科書』（小社刊）など、国内外で 90 冊以上。近著に『さりげないのに品がある気くばり美人のきほん』（かんき出版）があり、著者累計 100 万部を超える。

● ヒロコマナーグループ公式サイト
http://www.hirokomanner-group.com

イラストでまるわかり！

入社1年目
ビジネス文書の教科書

2020 年 4 月 30 日　　第 1 刷発行

著者　　　　西出ひろ子

発行者　　　長坂嘉昭

発行所　　　株式会社プレジデント社
　　　　　　〒 102-8641　東京都千代田区平河町 2-16-1
　　　　　　https://www.president.co.jp/
　　　　　　電話　編集　03（3237）3732
　　　　　　　　　　販売　03（3237）3731

装幀　　　　仲光寛城（ナカミツデザイン）
編集　　　　岡本秀一
販売　　　　桂木栄一、高橋 徹、川井田美景、森田 巖、
　　　　　　末吉秀樹、神田泰宏、花坂 稔
印刷・製本　凸版印刷株式会社

©2020 Hiroko Nishide
ISBN 978-4-8334-2316-8
Printed in Japan
落丁・乱丁本はおとりかえいたします